JN060021

眞子内親王の危険な選択

皇統を揺るがす一大事

ジャーナリスト
安積明子

ビジネス社

はじめに――

これは「もうひとつの国難」だ

慶事が一転して悲劇に

２０１９年に中国・武漢市から始まった新型コロナウイルス感染症は、今なお世界中で猛威を振るっている。２０２１年２月現在、日本では２度目の緊急事態宣言が発令されている。緊急事態宣言自体は前年４月にも発令

婚約内定記者会見での眞子内親王と小室圭さん。2017年9月3日。写真：宮内庁HPより

されたが、今回は感染者数も重症者数も死者数も前回をはるかに上回り、医療崩壊も危ぶまれた。

雇用の悪化も懸念される。新型コロナウイルス感染症拡大関連による解雇や雇い止めの人数は、２０２０年末で７万９０００人を超えた。また生活様式の変化によるストレスからか、自殺者数も増加している。最も悪いことは、ＧＯＴＯキャンペーンなど政府の政策が迷走し、何ら効果のある対策を打てていない現実だ。目に見えない悪魔に、全人類はただ怯（おび）えるばかりだ。これはまさしく未曽有（みぞう）の国難としかいえない。

さらに「もうひとつの国難」がある。秋篠宮（あきしののみや）家の長女の眞子内親王（まこないしんのう）と国際基督教大学（ＩＣＵ）で同級生だった小室圭さんの結婚問題だ。眞子内親王と小室さんは２０１７年９月３日に婚約が内定し、２０１８年には納采（のうさい）の儀（ぎ）を経てめでたく結婚するはずだった。

しかし小室さんの母・佳代（かよ）さんに借金問題が浮上。それをきっかけに、次々と小室家に関する都合の良くない問題が報道されたため、世間から大きな批判が沸き上がったのだ。

「しっかりした長女」がなぜ

まったく前代未聞の事件といえるだろう。通常なら眞子内親王の結婚は、全国民にとって歓迎すべき「慶事」となるものだった。これまで天皇家や秋篠宮家は、国民にとって理想の家族のあり方を示してこられた。戦後になって神格化こそ公式に否定されたが、天皇家や皇族は国民にとって、依然としてサンクチュアリであり続けた。加えて眞子内親王は上皇・上皇后両陛下の初孫として、皇室の中でもとりわけ可愛がられた存在だった。

そしてお手振りがうまく、動物が大好きだった女の子は、真面目でしっかりした女性に成長する。14歳の時に弟・悠仁（ひさひと）親王が誕生して以降は、眞子内親王は妹の佳子（かこ）内親王とともに、将来の皇室を支える存在としてますます期待されるようになっていた。そのような優等生がなぜ、人々の批判と嘲笑（ちょうしょう）の的（まと）となってしまったのか。

問題は２０１７年12月12日、「週刊女性」が「眞子さま嫁ぎ先の〝義母〟が抱える４００万円超の〝金銭トラブル〟」を報じたことに始まった。小室さんの母・佳代さんとその元婚約者の間に409万3000円の〝借金問題〟があったのだ。
ちょうど小室さんがICUに入学した時で、佳代さんは学費や生活費の援助を元婚約者に求めたと報じられている。

その〝借金〟の内訳は次のようになる。

2010年11月　ICU入学費用として45万3000円
2011年4月　ICU授業料として40万円
2011年7月　10万円
2011年8月　10万円
2011年9月　44万円
2011年10月　45万円
2011年11月　5万円
2011年12月　10万円
2012年1月　語学研修費用として200万円

元婚約者によれば、これらがいまだ返済されず、元婚約者が請求（後に断念）しているものの、放置されたままだという。俗にいえば、〝踏み倒し〟ということになる。

なお「女性自身」2020年12月29日号は、小室さんのICUの入学金の納付期限が2010年6月であり、佳代さんの請求に矛盾があることを指摘したところ、「入学金と1年目の授業料は小室さんが高校時代にアルバイトをして貯めた貯金から出し、残りは奨学金から賄った」という上芝直史弁護士からの説明があったと掲載している。そうなれば元婚約者からの〝借金〟は、小室さんとは無関係になるが、それで小室さんはこの問題から解放されるのか。

もし上芝弁護士の説明通りなら、佳代さんが元婚約者を騙してお金を受け取ったことになりかねない。いずれにしろ、小室家が金銭トラブルを抱えていることに変わりはなく、事情によればさらに悪質化する危険性がある。

また奨学金について上芝弁護士は「貸与型のものはほぼ完済」とするが、そのお金がいったいどこから出て、どこまで完済されているのかは不明だ。これ以外には何の説明もなく、ただ疑惑は深まるばかりだろう。

問題を放置したまま渡米

まさかの借金問題勃発に、宮内庁は大いに慌てたに違いない。こうした問題はいったん露見すれば、秋篠宮家だけでは解決できないものになってしまうのだ。小室さんとの交際を事前に認識していながら、様々な理由で放置していた宮内庁にも、責任は多分にある。

そして婚約内定会見の5か月後の2018年2月6日には、納采の儀など結婚に関する行事を2020年まで延期することが発表された。眞子内親王が出したのが次の文書である。

私たちは、今まで結婚に関わる様々な行事や結婚後の生活にむけて、2人で話し合い、それぞれの親や関係する方々と相談しながら準備を進めてまいりました。しかし、その過程で、現在予定している秋の結婚までに行う諸行事や結婚後の生活について、充分な準備を行う時間的余裕がないことを認識するようになりました。

これまでのことを振り返ってみたいと思います。昨年5月、予期せぬ時期に婚約報道がなされました。このことに私たちは困惑いたしましたが、結婚の意思を固めていたことから、曖昧（あいまい）な状態を長引かせない方がよいとの判断をし、当初の予定を大きく前倒しして婚約が内定した旨を発表することにいたしました。婚約の内定発表に際しては、多くの方々がお祝いのお気持ちを寄せてくださったことを大変有り難く思っております。その後、昨年11月には、それ以降の諸行事の予定を立て、発表いたしました。

しかし、いろいろなことを急ぎ過ぎていたのだと思います。ここで一度、この速度が自分たちに本当に合っているのかを慎重に考えるべきでしたが、婚約の内定発表に関しても、それ以降の事柄に関しても、私たちはそのまま前に進むという選択をしてまいりました。

今、私たちは、結婚という人生の節目をより良い形で迎えたいと考えております。そして、そのために2人で結婚についてより深く具体的に考えるとともに、結婚までの、そして結婚後の準備に充分な時間をかけて、できるところまで深めて行きたいと思っております。本来であれば婚約内定の発表をするまでにその次元に到達していることが望ましかったとは思いますが、それが叶わなかったのは私たちの未熟さゆえであると反省するばかりです。

これらのことを踏まえ、それぞれの親や関係の皆様と相談を重ねた結果、この度、今後の私たちの結婚とそれに関わる諸行事を、これから執り行われる皇室にとって重要な一連のお儀式が滞りなく終了した後の再来年に延期し、充分な時間をとって必要な準備を行うのが適切であるとの判断に至りました。

一度決めた予定を大幅に変更することは、私たちの結婚に快く協力してくださっている方々に多大なご迷惑とさらなるご負担をおかけすることとなり、大変申し訳なく思っております。

私は、結婚に関わる諸行事を延期したい旨、天皇皇后両陛下にご報告申し上げました。両陛下は、私たち2人の気持ちを尊重してくださいました。

私たちは、この度の延期を、新たな生活を始めるための時間を作る良い機会と考え、その時間を大切に、結婚までの期間を過ごしてまいりたいと思います。

ここで注目すべきは、2017年5月16日のNHKのニュースで眞子内親王の婚約が報道され、それに押されるかのように慌ただしく婚約が決まったことだ。

この背景について各週刊誌はこぞって、「女性宮家創設問題」と絡めて報道した。奇しくも上皇陛下の退位法（天皇の退位等に関する皇室典範特例法）が2017年6月9日に成立する直前だったからだ。

御代替わりという節目に皇族が減少することの危機感を煽り、一気に女性宮家創設に流れを加速化しようとする意図があったとすれば、その考えは非常に甘いといえる。そもそもお相手は、宮内庁ですら無視し、身辺調査を怠った相手なのだ。

案の定、様々な問題に対する説明を求められながら、小室さんは2018年8月7日にフォーダム大学ロースクールに入学するためにニューヨークに渡ったきり、一度の帰国もなく、その肉声も聞かれない。

そもそも小室さんは、この留学をいつ決めたのか。当初は2018年11月4日を軸に、2人の挙式が行われるはずだった。延期されなかったら、その結婚式をどうするつもりだったのか。あるいはいったんフォーダム大学に入学した後に帰国し、眞子内親王との結婚後、ともに渡米するつもりだったのか。

だとしたら、いったいニューヨークでの2人の生活費はどうするつもりだったのか。ロースクールに通う小室さんはフルタイムで働くことができず、十分な経済力があるはずもない。アメリカでの留学中の生活費用は小室さんがパラリーガルとして勤務していた奥野総合法律事務所が肩代わりしているということだが、物価が高いニューヨークでは2人が生活するには十分なものではないだろう。

あるいは内親王が皇族を離れる場合に国庫から支払われる1億4000万円ほどの一時金を充(あ)てるつもりだったのか。さらには皇嗣(こうし)家となった秋篠宮家からの援助を期待するつもりだったのか。金銭問題以上に目につくのは、計画性のなさである。

元婚約者からの借金を「贈与」と主張

さらに小室さんの父親・敏勝さんが2002年3月に自殺し、その1週間後に父方の祖父が、1年後には父方の祖母が相次いで自殺したという事実を、「女性セブン」2018年3月21日号が報じている。そしてその死について、週刊誌は次々と「疑惑」を書きたてた。

にもかかわらず、小室さんがコメントを出したのは、それから10か月も後の2019年1月22日だった。しかも元婚約者の男性から借りた約400万円については、元婚約者が急に母・佳代さんとの婚約破棄を申し出ており、この時に佳代さん側は資金の返還を申し出たものの、元婚約者は不要であると述べたと主張。後に元婚約者が請求してきたことについては、「贈与されたもの」と反論した。

そして2017年になっていきなり返還を求めてきた元婚約者に対し、自分たちは被害者であるというスタンスをとっている。

もちろん明確な借用書がない以上は、金銭貸借関係はなかなか認められにくいかもしれない。仮に裁判になれば、元婚約者には不利な事情だろう。

しかし、世論は裁判官ではない。そしてその判断は法律に基づくものではない。何をもって信用できるのか、何をもって皇族との結婚相手として祝福できるか。その点を常識でもって判断するものだ。

母・佳代さんの強い上昇志向

たとえ小室家に借金があったとしても、恥ずかしいことではない。2002年に夫・敏勝さんが自殺して以来、ひとりで息子を育ててきた佳代さんの苦労は想像できる。しかも、息子には経済的に身の丈以上の最高の教育を施そうとした。最初はヴァイオリン、その次は英語だ。秋篠宮邸を訪問した時、ピアノの腕を披露したというから、これも先生に付いて習っていたはずだ。しかも小学校から大学まで、小室さんが通った学校はすべて学費の高い私立である。

まるで果たせなかった自分の夢を息子に託していくように、佳代さんは小室さんへの投資を惜しまなかった。それは亡夫の遺族年金や佳代さんがケーキ店で働いて得る給料だけでは、とうてい足りないものだったに違いない。

もっとも、これも親心としては十分に理解できる。しかし、いささか度を過ぎていたのではないか。家庭内はともかく、外で息子を「王子」と呼んで憚(はばか)らないなどは、まさに自己陶酔の世界であろう。さらに自分を「お母さま」と呼ばせるなど、強い上昇志向が見てとれる。果たして「質素」を旨とする秋篠宮家に相応しいといえるのか。

国民は当初から強い違和感を抱いていた

実は佳代さんの金銭問題が発覚する以前から、眞子内親王と小室さんの結婚について、国民の多くは漠然とした違和感を抱いていた。だが現在でも一部の家庭が婚姻前に行う身元調査を、秋篠宮家あるいは宮内庁は行っていなかった。もし、秋篠宮家が何の不審も抱かず調査しなかったとすれば、これから結婚しようとする2人の内親王を擁する筆頭宮家として、危機意識が希薄すぎたのではないか。ましてやその後、文仁（ふみひと）親王は皇嗣となり、将来はほぼ確実に皇位を継ぐ存在だ。

もちろん、宮内庁の中には危惧（きぐ）していた人もいたに違いない。眞子内親王と小室さんとの交際は、すでに2016年に「週刊女性」が報じていたからだ。その危惧が秋篠宮家に伝わらず、何の対処も行われなかったとすれば、それは皇室にとってのみならず、国民にとっても悲劇だ。

その原因がどこにあるかは、秋篠宮家が「ご難場」として「次々と使用人が退職している」という報道から推察できる。この問題は皇室のあり方にもつながっており、実はかなり根深いもので、これまで築いてきた皇室のイメージが一気に崩されかねない。

筆者は眞子内親王の「結婚の自由」を否定するものではない。もちろんひとりの人間として、眞子内親王には、当然幸せになる権利があると確信している。しかしながら天皇陛下および皇族は、一般国民とまったく同一ではない。しかも若手皇族の人数が減少して皇統に危機が迫る今、女性皇族はこれまでにない大きな役割を担わされつつある。これをどう乗り切るのかが、皇室が生き残る鍵になっていることは事実である。

そうした国民の期待に応えず、ただ個人の欲するまま勝手に生きようというのなら、皇族の存在意義はないに等しいのではないか。そのような皇族を、果たして国民は認めるのだろうか。

本書ではこのような眞子内親王の結婚問題について、各週刊誌で報じられるような個人攻撃を排し、客観的な事実に絞って論じることとする。皇統の危機にある今だからこそ、天皇陛下や皇族のあり方について考えてみたい。

はじめに――これは「もうひとつの国難」だ

第一章 皇室を揺るがす大事件

第二章 これまでの内親王・女王の嫁ぎ先

第三章　いったん出された天皇の裁可は覆せないのか

第四章　海外ロイヤルファミリーの結婚問題

第五章 「皇女制度」の創設と皇統の存続

最終章　国民が祝福できない理由

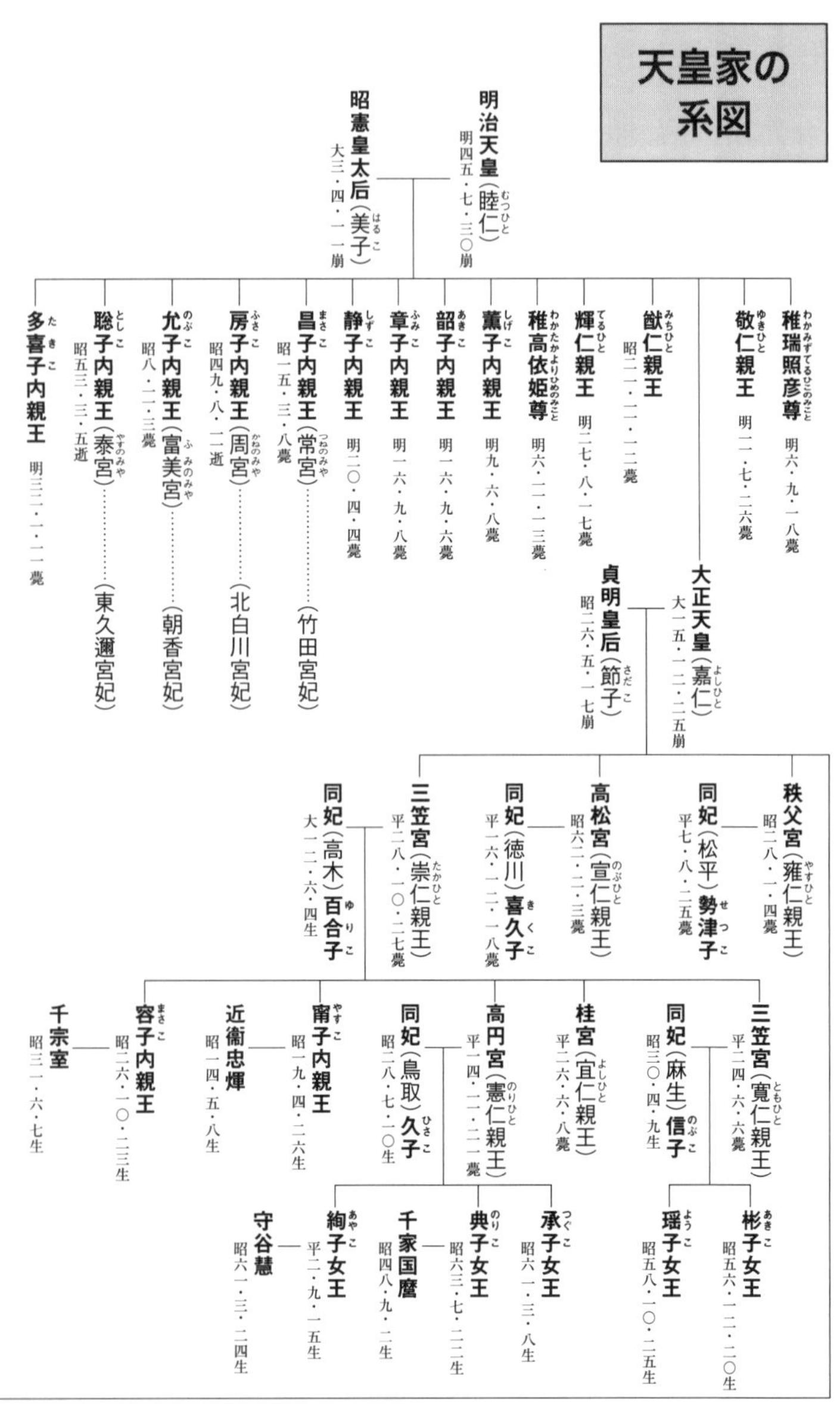
天皇家の系図
明治天皇（睦仁） 明四五・七・三〇崩
昭憲皇太后（美子） 大三・四・一一崩
稚瑞照彦尊 明六・九・一八薨
敬仁親王 明一一・七・二六薨
大正天皇（嘉仁） 大一五・一二・二五崩
貞明皇后（節子） 昭二六・五・一七崩
猷仁親王 昭二一・一一・一二薨
輝仁親王 明二七・八・一七薨
稚高依姫尊 明六・一一・一三薨
薫子内親王 明九・六・八薨
韶子内親王 明一六・九・六薨
章子内親王 明一六・九・八薨
静子内親王 明二〇・四・四薨
昌子内親王（常宮） 昭一五・三・八薨
（竹田宮妃）
房子内親王（周宮） 昭四九・八・一一逝
（北白川宮妃）
允子内親王（富美宮） 昭八・一一・三薨
（朝香宮妃）
聡子内親王（泰宮） 昭五三・三・五逝
（東久邇宮妃）
多喜子内親王 明三二・一・一一薨
秩父宮（雍仁親王） 昭二八・一・四薨
同妃（松平）勢津子 平七・八・二五薨
高松宮（宣仁親王） 昭六二・二・三薨
同妃（徳川）喜久子 平一六・一二・一八薨
三笠宮（崇仁親王） 平二八・一〇・二七薨
同妃（高木）百合子 大一二・六・四生
三笠宮（寛仁親王） 平二四・六・六薨
同妃（麻生）信子 昭三〇・四・九生
桂宮（宜仁親王） 平二六・六・八薨
高円宮（憲仁親王） 平一四・一一・二一薨
同妃（鳥取）久子 昭二八・七・一〇生
甯子内親王 昭一九・四・二六生
近衛忠煇 昭一四・五・八生
容子内親王 昭二六・一〇・二三生
千宗室 昭三一・六・七生
彬子女王 昭五六・一二・二〇生
瑶子女王 昭五八・一〇・二五生
承子女王 昭六一・三・八生
典子女王 昭六三・七・二二生
千家国麿 昭四八・九・二生
絢子女王 平二・九・一五生
守谷慧 昭六一・三・二四生

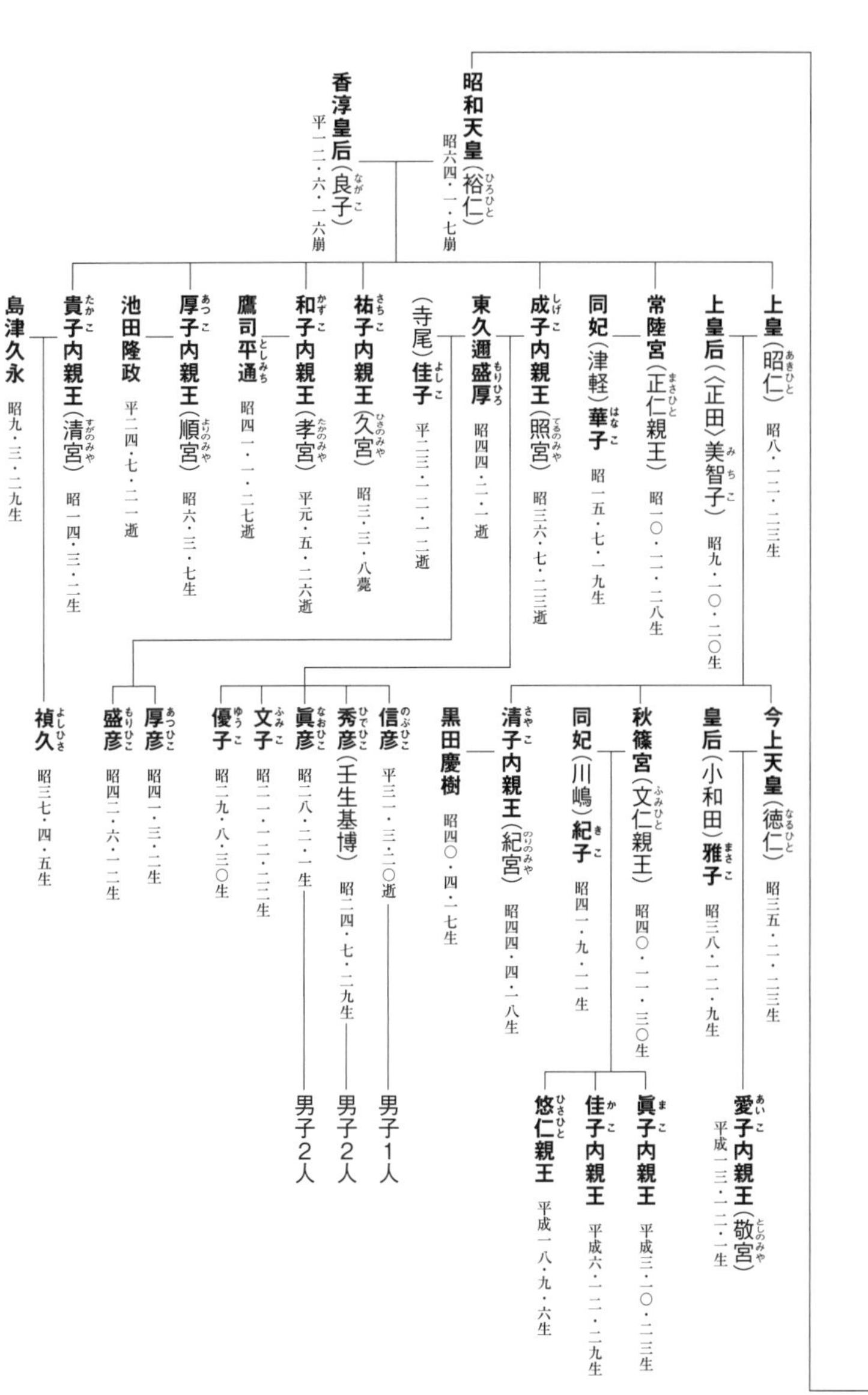

昭和天皇（裕仁）昭六四・一・七崩
香淳皇后（良子）平一二・六・一六崩
上皇（明仁）昭八・一二・二三生
上皇后（〈正田〉美智子）昭九・一〇・二〇生
常陸宮（正仁親王）昭一〇・一一・二八生
同妃（津軽）華子 昭一五・七・一九生
成子内親王（照宮）昭三六・七・二三逝
東久邇盛厚 昭四四・二・一逝
（寺尾）佳子 平二三・二・二逝
祐子内親王（久宮）昭三・三・八薨
和子内親王（孝宮）平元・五・二六逝
鷹司平通 昭四一・一・二七逝
厚子内親王（順宮）昭六・三・七生
池田隆政 平二四・七・二逝
貴子内親王（清宮）昭一四・三・二生
島津久永 昭九・三・二九生
今上天皇（徳仁）昭三五・二・二三生
皇后（小和田）雅子 昭三八・一二・九生
秋篠宮（文仁親王）昭四〇・一一・三〇生
同妃（川嶋）紀子 昭四一・九・一一生
清子内親王（紀宮）昭四四・四・一八生
黒田慶樹 昭四〇・四・一七生
信彦 平三一・三・二〇逝
秀彦（壬生基博）昭二四・七・二九生
眞彦 昭二八・二・一生
文子 昭二一・一二・二三生
優子 昭二九・八・三〇生
厚彦 昭四一・三・二生
盛彦 昭四二・六・一二生
禎久 昭三七・四・五生
愛子内親王（敬宮）平成一三・一二・一生
眞子内親王 平成三・一〇・二三生
佳子内親王 平成六・一二・二九生
悠仁親王 平成一八・九・六生
男子1人
男子2人
男子2人

第一章

皇室を揺るがす大事件

失敗した「お気持ち文書」の公表

眞子内親王と小室圭さんの結婚問題が暗礁に乗り上げて、すでに4年目に入っている。当初は秋篠宮文仁（ふみひと）親王が立皇嗣（りっこうし）の宣旨（せんじ）を受けられる２０２０年まで「2年半」の延期だった。しかし、新型コロナウイルス感染症の蔓延で、4月19日に予定されていた立皇嗣の宣明の儀が２０２０年11月8日に行われ、これで一連の御代替わりの儀式が完了した。

上皇陛下がそのご在位中に下された裁可についての「2年半」の猶予期間は、とっくに過ぎている。眞子内親王と小室さんとの結婚問題がどうなるかについて、国民は小室さんが説明することを息をひそめて待っている状態だ。そのような中で眞子内親王が２０２０年11月13日に公表したのが、次の「お気持ち文書」だった。

　一昨年の2月7日に、私と小室圭さんの結婚とそれに関わる諸行事を、皇室にとって重要な一連のお儀式が滞りなく終了した後の本年に延期することをお知らせいたしました。

　新型コロナウイルスの影響が続くなかではありますが、11月8日に立皇嗣の礼が終わった今、両親の理解を得たうえで、改めて私たちの気持ちをお伝えいたしたく思います。


　前回は、行事や結婚後の生活について充分な準備を行う時間的余裕がないことが延期の理由である旨をお伝えいたしました。それから今日までの間、私たちは、自分たちの結婚およびその後の生活がどうあるべきかを今一度考えるとともに、様々なことを話し合いながら過ごしてまいりました。私たちの気持ちを思いやりあたたかく見守ってくださっている方々がいらっしゃいますことを、心よりありがたく思っております。

　一方で、私たち2人がこの結婚に関してどのように考えているのかが伝わらない状況が長く続き、心配されている方々もいらっしゃると思います。また、様々な理由からこの結婚について否定的に考えている方がいらっしゃることも承知しております。しかし、私たちにとっては、お互いこそが幸せな時も不幸せな時も寄り添い合えるかけがえのない存在であり、結婚は、私たちにとって自分たちの心を大切に守りながら生きていくために必要な選択です。

今後の予定等については、今の時点で具体的なものをお知らせすることは難しい状況ですが、結婚に向けて、私たちそれぞれが自身の家族とも相談をしながら進んでまいりたいと思っております。

この度、私がこの文章を公表するに当たり、天皇皇后両陛下と上皇上皇后両陛下にご報告を申し上げました。天皇皇后両陛下と上皇上皇后両陛下が私の気持ちを尊重して静かにお見守りくださっていることに、深く感謝申し上げております。

これから2人はどうするのかについてほぼ沈黙を続ける小室さんに代わって、眞子内親王が述べた形だ。だが「私たち」と書かれている以上は、小室さんもこの文面の作成に一定以上関与したことは間違いない。

文書の内容は要するに、「結婚の日程については未定だが、結婚の意思は変わらずに固い」という宣言だ。そしてその中心となるのは次の文章で、とりわけ眞子内親王の強い決意がうかがえる。２人の結婚に反対する意見に対して、あたかも挑戦するかのような勢いだ。

私たちにとっては、お互いこそが幸せな時も不幸せな時も寄り添い合えるかけがえのない存在であり、結婚は、私たちにとって自分たちの心を大切に守りながら生きていくために必要な選択です。

その反面、まるで命をかけるがごとく悲壮感すら感じる文面だが、実際のところ、この文章にいったいどのくらいの国民が〝感動〟したのかはわからない。むしろ、「共感を呼ぶのではなく、安易に同情を引こうとするもの」と鼻じらんだ国民は少なくなかったのではないか。ネットでは、「だから秋篠宮家の教育が悪い」とか「世間知らずの大甘ちゃんではないか」という声が圧倒的多数だった。

そもそも、この文章のみで小室問題に疑念を抱く国民を納得（諦め）させることができると思っているなら、これをしたためた眞子内親王はまさしく国民を甘く見ているといえるのではないか。何度か文面を読み返してみたが、その内容からは、皇室のメンバーとしての責任も自負も感じとることはできなかった。ただ、「私たちは結婚を諦めていません」とごねるような宣言をすることに、いったいどれだけの意味があるというのか。

もしこの種の〝泣き落とし〟で多くの国民が納得できるなら、ここまでの批判が出てくるはずがないことを、眞子内親王は理解していないといえるだろう。さらにこの文書が出されたタイミングから、小細工すら感じとれるのだ。それは、「お気持ち文書」の最後の「この度、私がこの文章を公表するに当たり、天皇皇后両陛下と上皇上皇后両陛下にご報告を申し上げました。天皇皇后両陛下と上皇上皇后両陛下が私の気持ちを尊重して静かにお見守りくださっていることに、深く感謝申し上げております」の箇所だ。

眞子内親王の結婚について裁可を下した上皇陛下と孫娘可愛さのあまり同情を寄せていると報じられている上皇后陛下はともかく、天皇皇后両陛下は本件とは無関係だ。にもかかわらず、あたかも両陛下が眞子内親王と小室さんの結婚に同意しているようような書きぶりはいかがなものか。

途絶えた〝リレー〟

この「お気持ち文書」をこのタイミングで出した背景には、何らかの思惑があったのではないだろうか。2020年11月8日の立皇嗣宣明の儀で秋篠宮文仁親王の皇嗣としての立場を内外に固めて落ち着いた後、11月30日の文仁親王の誕生日会見までに「お気持ち」を表明することで、「皇室全体が小室圭さんとの結婚を認める」という流れを作る意図があったのではなかったか。その〝仕上げ〟は12月9日の皇后陛下の誕生日会見で、その時に皇后陛下から眞子内親王と小室さんに対する同情的なコメントが出されるのを期待し、結婚に向けた確固たる既成事実を作るつもりだったのかもしれない。

天皇陛下あるいは皇后陛下の同意が得られるなら、2人の結婚に対して反対する声を蹴散らすことも不可能ではない。眞子内親王の「お気持ち文書」の書きぶりは、あたかもそれを誘っているようにも見える。

しかし、皇后陛下のコメントの大部分は新型コロナウイルス感染症に関するもので、その他、皇室については上皇・上皇后両陛下や愛子内親王の近況について述べられているが、立皇嗣の礼については、「先月には、当初の計画より規模を縮小してではありましたが、立皇嗣の礼が執り行われました。これにより、昨年のお代替わりに伴う主な儀式や行事が無事に終了しましたことに安堵しております」と簡単に触れられるにとどまり、義理の姪である眞子内親王の結婚問題に至っては、ただの一言も触れられてはいなかった。

ちなみに眞子内親王が小室圭さんと婚約を発表した2017年12月の誕生日コメントでは、皇太子妃であった皇后陛下は次のように述べ、温かく祝意を示されている。

9月には、秋篠宮家の眞子内親王殿下のご婚約が内定し、喜ばしく思っております。私が皇室に入りました時には、東宮仮御所の隣にお住まいの、まだ1歳半余りの活発なかわいらしい女の子でいらっしゃった眞子様が、すっかり立派に成長された姿を感慨深く思います。日頃から、愛子にも優しく、また、楽しく接していただき、私たちにとっても、いつも楽しい時間をご一緒してきた眞子様には、心からのお幸せをお祈りしております。

もし皇室の慶事に関するもの、あるいはそれに類する重要な事項が皇室にあるとするなら、皇后陛下のコメントの中には2017年のような祝意の文言がいくらか組み込まれたに違いないが、現実はそうではないのだ。眞子内親王の結婚についてはただ沈黙を守るのみで反対もしていないし、賛成もしていないのだ。皇后陛下のコメントと眞子内親王の「お気持ち文章」との落差は大きい。

「結婚を認める」と述べた父・文仁親王の苦悩

一方で「お気持ち文書」で打ちのめされたのが、眞子内親王の父である秋篠宮文仁親王だったといえるだろう。文仁親王は2020年11月30日に公表された誕生日会見で次のように述べている。

それは結婚することを認めるということです。これは憲法にも結婚は両性の合意のみに基づいてというのがあります。本人たちが本当にそういう気持ちであれば、親としてはそれを尊重するべきものだというふうに考えています。

これまで結婚の前提として、当人たちにしっかりと説明することを求めてきた文仁親王だが、形式的には眞子内親王の「結婚の自由」を憲法にはかって認めることを了承した。眞子内親王の命をかけた「お気持ち文書」に国民はドン引きするだけだったが、やはり父親には相当こたえたらしい。会見での文仁親王は、すっかり憔悴しきった様子だった。

それはそうとして、なぜ文仁親王はわざわざ憲法を引用したのだろうか。後に述べるように、日本国憲法はその構成上、天皇を国民に含めない。当然、人権規定の適用はなく、結婚に関して「両性の合意のみに基づいて」とする憲法第24条の適用はない。そして天皇をサポートする皇族も、天皇と同じく憲法の人権規定の適用になじまない存在といえるのだ。

にもかかわらず、文仁親王が憲法第24条を引き合いに出して眞子内親王と小室さんの結婚を認めるというのは、まずは文仁親王が国民目線に立っていることを、国民に示そうとしたからだろう。その真意は、文仁親王の次の発言で理解することができる。

これは皇室の次代を担う皇嗣であるという立場と、眞子内親王の父親としての立場を何とか両立させるべく、苦慮の末にひねり出した言葉に思える。

私は、特に結婚と婚約は違いますから、結婚については本当にしっかりした確固たる意志があれば、それを尊重するべきだと私は思います。これはやはり両性の合意のみに基づくということがある以上、そうでないというふうには私はやはりできないです。

文仁親王は眞子内親王の「お気持ち文書」を読んで、結婚について確固たる意志があると理解した。留意すべきは、文仁親王が「婚約は認めない」としている点だ。多くの論者はこれを「国民としての結婚の自由は認めるが、皇族として納采(のうさい)の儀（婚約）を行うことはできない」と解している。しかし眞子内親王は国民ではないため、皇族として納采の儀ができないのであれば、皇族として結婚もできなくなる。

では文仁親王は何を言おうとしているのか。眞子内親王にあえて「皇籍離脱」を薦めているのか。いやそうではないだろう。文仁親王にとって長女の眞子内親王は他の

2人の子供より愛おしい存在だといわれている。そのような最愛の娘がわざわざ不幸になるのは忍びないに違いない。

　むしろこれは父・文仁親王から眞子内親王に対するメッセージと解するべきではないだろうか。皇籍を離脱して納采の儀を経ずに小室氏と結婚すれば、皇室から永遠に離れなければならない。もともと小室さんとの結婚に対して疑問を抱いていた三笠宮家も高円宮家も、絶縁してくるだろう。そのような屈辱は筆頭宮家の秋篠宮としてはとうてい甘受できないものだが、それをあえて忍んでまで、眞子内親王は小室さんと結婚したいというのか、と問うているのだ。

2020年11月20日、誕生日の会見に臨まれる秋篠宮。写真：宮内庁HPより

文仁親王が憲法を引用して「結婚の自由」を認めたのも、皇族としてではなく国民としての結婚の自由を認容したと解するなら、すっきりする。これは文仁親王の秋篠宮家の当主として、そして父親としてのぎりぎりの決断といえるものだが、これを眞子内親王がどのように受け止めるのか。親の心、子知らずになる可能性は小さくない。

皇族には憲法の人権規定が適用されるのか

そもそも皇族には「結婚の自由」はあるのだろうか。日本国憲法は第24条で次のように規定する。

婚姻は、両性の合意のみに基いて成立し、夫婦が同等の権利を有することを基本として、相互の協力により、維持されなければならない。

配偶者の選択、財産権、相続、住居の選定、離婚並びに婚姻及び家族に関するその他の事項に関しては、法律は、個人の尊厳と両性の本質的平等に立脚して、制定されなければならない。

一般によく引用されるのは、第1項の「両性の合意のみに基いて成立」の文言だが、合意というのは結婚する意思であって、相手に対する感情については憲法は規定していない。さらに第2項では、「法律は、個人の尊厳と両性の本質的平等に立脚して、制定されなければならない」とするが、結婚に際して皇室典範その他の法律が適用される皇族（男子）は、これに当てはまらないのはもちろんである。

そもそも日本国憲法は第一章で「天皇」、「国民の権利及び義務」については第三章で規定しており、その構成から考えて、天皇は憲法第三章の基本的人権の享有主体ではないと考えるのが妥当だ。そして天皇を支える皇族も、これに準ずるべき存在と考えられる。

人権の制約を受けざるをえない実態

もし天皇や皇族が憲法の人権規定の享有主体だと解するなら、その例外とするべき理由があまりにも多い。実際に人権の中で最も重要な権利である「表現の自由」について、天皇及び皇族に政治的表現の自由はほとんど認められていない。そもそも選挙権も被選挙権も、天皇および皇族には与えられていない。すなわち、人権規定においいて最も重要な規定の適用を受けていないにもかかわらず、「人権規定の適用がある」と解しようとするのは、愚かしい矛盾だ。

また「職業選択の自由」も認められているとはいえない。皇位継承権者がそれを放棄することはありえない。もし皇位継承者が即位を自由に拒否できるなら、天皇や皇族は存続しえなくなる危険が生じる。

「移動の自由」も国民と同等レベルに認めることは難しい。たとえば2019年8月に秋篠宮と紀子妃、および悠仁親王がブータンを私的に旅行したことがあった。

私的旅行といっても、皇位継承第2位と第3位の皇族（当時）の旅行となると、同じ飛行機に乗ることは憚られる。また私的旅行であったとしても、皇室メンバーの外遊には現地の大使館が対応する。日本はブータンに大使館を持たないため、駐インド大使館が兼任している。この時はインドのモディ首相がブータンを公式訪問しており、日程が重なってしまったため、大使館員は大わらわだったと聞いた。

公的訪問となると、相手国との打ち合わせなどさらに準備が大変になり、当然身軽に移動はできない。このように天皇及び皇族に、国民が共有する権利をそのまま認めることは難しい。

女性皇族にも「結婚の自由」が認めがたい理由

「結婚の自由」についてはさらにやっかいだ。結婚によって皇籍離脱できず、配偶者を新たな皇室メンバーとして迎えることになる男性皇族の場合には、かなりの制限がかかってくる。

まず皇室会議を経なければならず（これまで否決されたことがないため、儀式にすぎないという面もあるが）、結婚相手の家系図などすべてを公表することになる。このような手続きを経ずに男性皇族が「両性の合意」のみで結婚するということを、そもそも日本国憲法は予定していないのではないか。ただ女性皇族についてはこうした手続きがないため、市井の人々と同様に結婚の自由が認められているように見えなくもない。

記者会見で「私の選んだ人を見てください」と述べて、自由恋愛による結婚のイメージが強い清宮貴子内親王（昭和天皇の第五皇女）のようなケースを挙げて、「皇族も結婚の自由がある」とする意見もある。しかし、貴子内親王は自分に相応しい範囲の中で結婚相手を選んだのだ。お相手の島津久永さんは薩摩藩第12代藩主の島津忠義公爵の孫で、貴子内親王にとっては母方の親戚にあたる（香淳皇后の母・久邇宮俔子妃は島津藩12代藩主である島津忠義公爵の八女で、久永さんの父の久範伯爵は忠義公爵の七男になる）。生家は戦前でいえば伯爵家であって、一般平民ではない。

これまでの内親王および女王の結婚例を見ても、相手の背景について結婚時から問題になったケースはない。皇室会議を経なければならない男性皇族の結婚ほどではないにしろ、事前に何かしらの調査が行われ、その家系に「傷」がないか、あるいは問題がないかなどが調べられているはずだからだ。たとえば、「皇室ブランド」を悪用するような家庭は、初めから排除されているだろう。実際のところ、眞子内親王と小室さんの結婚問題以外には、こうした問題は発生していない。

なぜ小室圭さんは国民から嫌われるのか

なぜ小室圭さんとの結婚が問題になるのか。国民の中には金銭的な問題のみに注目している人もいる。すなわち内親王や女王が皇籍を離脱する際に支払われる一時金を眞子内親王が放棄すれば、結婚するのは自由という考えだ。

しかしながら一時金は皇籍離脱した元皇族の品位を保つための費用で、皇室経済会議で客観的に決められる。基準となるのはその身分で、上皇陛下の長女である紀宮清子内親王が2005年に黒田慶樹さんと結婚した際に支給された金額は、今上天皇の娘ということで規定の満額である1億5250万円にのぼった。眞子内親王の場合は「天皇の孫」としてその1割ほど減額されると思われるが、それでも次代の天皇の長女、次々代の天皇の姉ということで、かなりの金額が支給されることが予想される。

これが小室さんの手に渡り、佳代さんの借金返済やその生活費などに消費されるのが我慢ならないというのが多くの国民の意見だ。では、借金の支払いに充てられさえしなければ、2人の結婚を認めるというのだろうか。

そもそも内親王の降嫁による一時金の支給と小室家の借金問題はまったく別次元の話であるし、かならずしもその一時金から借金などが支払われるとは限らない。むしろ多くの国民が問題視しているのは、借金の存在をきちんと説明できない小室さんの姿勢そのものであるはずだ。

しかも問題発生から3年も経っているのに、自ら何らのけじめもつけようとはしていない。最近では佳代さんの元婚約者が返済を求めることを諦めた（請求をしないだけで、借金をないものとするわけではないようだが）という報道があったが、もしそうであったとしても、小室さんに対して国民が抱く不信感は消えることがないだろう。

要するに、これはもう単なる借金問題を通り越し、人間性、信頼性の問題になってしまっているのだ。たとえ小室さんがアメリカの司法試験に合格し、弁護士資格を取得して多額の報酬を得られるローファーム（法律事務所）に就職できたとしても、それだけで多数の国民が抱く小室家に対する不信感をぬぐいさるのは難しい。

眞子内親王の甘い目論見（もくろみ）

同じことは眞子内親王にも当てはまる。ここまで疑念がいろいろと報じられたにもかかわらず、小室さんにいささかの疑いをも抱かずに、これまでの時間をすごしてこられたのだろうか。もし小室さんが眞子内親王に十分な説明をしており、それで眞子内親王が納得しているのなら、同じ説明を国民に対して行うべきだと、なぜ小室さんに言わないのか。

「泣き落とし文書」のみで国民が納得し、内親王の特権を満額享受したままで小室さんと結婚しようとするなら、これほど国民を愚弄する行為はない。それが許されると思うことこそ、皇族特権ではないだろうか。

さらにいえば、眞子内親王と小室さんとの結婚は、皇族ではなく一般の場合でも疑問符が付くものといえる。反対されたらその原因を除去するために努力するというのが、常識ある大人の対応だ。ところがこの2人は、ただ自分たちの欲求を貫くことしか考えていない。

そのような内親王の存在こそが、国難ではないか。国民がそっぽを向けば、長い歴史を持ち、「日本国の象徴であり、日本国民の統合の象徴」である天皇を中心とした皇室のあり方すら、大きく変容をきたす可能性があるからだ。場合によっては「皇室不要論」につながる危険性も多分にある。

そうなれば、日本国のアイデンティティはどうなるのか。積み重ねられた歴史や築いてきた文化はどうなるのか。眞子内親王の結婚は、それほど重要な意味を持つ。

小室さんは「一寸法師（いっすんぼうし）」なのか

東横学園大学の櫻田淳教授は２０２０年12月28日付けの産経新聞「正論」で、「立憲君主制度の徹底的な議論を」にて、小室さんの存在を「一寸法師」にたとえている。

「そもそも、古今東西の昔話でも、『シンデレラ』に類する話はあまたあるけれども、その『逆』の話は知らない」

一寸法師はお椀（わん）の船に乗り、箸（はし）の櫂（かい）でこいで都に行き、その身軽さで鬼を退治する。そして鬼が残した打ち出の小づちで「背」を伸ばして大きくなり、お姫様と結婚するというストーリーだ。

実は、この種の話は世界中に伝わっている。古くはギリシア神話のペルセウスとアンドロメダ、あるいはオペラの「トゥーランドット」など、王女と結婚するために難題をふっかけられ、それを克服する英雄の話は数多（あまた）ある。女の子にとっては、白馬に乗ってやってくるだけが王子ではないのだ。では小室さんはこの種の王子なのか。

いや、そうではない。少なくとも執筆段階では、小室さんは渡米したきりで様々な問題について何も説明せず、全リスクを眞子内親王に投げている（ように見える）。だからこそ国民の多くは、この結婚に反対しているのだ。

そして、その全体像が眞子内親王には見えていない。彼女に見えるのは現実のほんの一部にすぎないのだろう。おそらくはアメリカにいる小室さんとネットで会話する世界だけしか見えておらず、そこに客観性は存在しないのだ。

そんな状況でむしろ眞子内親王は、困難に立ち向かう役割をあえて買って出ているのではないか。その源泉は小室さんを守ろうとする母性であり、自分の幸せを妨害するものを全力で排除しようとする本能だろう。本人が真面目であるほど、この種の感情は強くて堅くなるものだから、なおのこと厄介だ。

それにしても、ここまでこじれてしまったのはなぜなのか。その原因を考えると、秋篠宮文仁親王と紀子妃の結婚に行きつかざるをえない。

反対が多かった秋篠宮文仁親王の結婚

今回の騒動の背景には、30年以上前の秋篠宮夫妻の結婚のあり方を垣間見ることができるように思う。すなわち、眞子内親王が両親の結婚を「成功例」として、「本人同士が好きでさえあれば、どんな障害も乗り越えて結婚できるはずだ」と思い込んでいるのではないか、ということだ。

そもそも秋篠宮文仁親王の結婚は「新しい開かれた皇室のあり方」のように報道されたが、当時としてもかなり異端なものだった。

まずは婚約発表が昭和天皇の喪中に行われたことだ。昭和天皇の崩御は1989年1月7日だったが、文仁親王の婚約発表は同年9月。旧令（皇室服喪令）でいうところの大喪（たいそう）の期間中（1年間）にあったことから、その法的効力はないにしろ、一部から批判が出た。

兄である皇太子よりも先に弟宮が結婚することについても、「順番が違う」と反対は多かった。文仁親王は当時23歳で、結婚直前までイギリスのオックスフォード大学に留学していた。いとこ半（祖父母の兄弟姉妹の子）の三笠宮寛仁（ともひと）親王は34歳、高円宮憲仁（のりひと）親王は29歳で結婚されており、皇室内では文仁親王が結婚を急がなければならない事情はなかったのだ。

すぐに許されなかった結婚に、文仁親王は大いに反発した。将来の天皇として育てられた兄とは異なり、文仁親王は生まれ持って自由な性格を押し出していた。加えて文仁親王は、小さい時から兄との待遇の差に不満を漏らしていたという。学習院大学の1学年下で同じサークルのメンバーだった川嶋紀子さんにプロポーズしたのは、まだ在学中の1986年。結婚を急いだ理由としては、早く家庭を持って一人前として認められたいという欲求もあったのだろう。

さらに、学内に紀子さんに好意を寄せていた別の男性がいたため、文仁親王が焦ったという噂もあった。最終的には、「結婚を認めてくれないと皇籍離脱する」という文仁親王の言葉が決め手になったようだ。皇位継承順位2位（当時）の親王の皇籍離脱は前例がない。まわりはしぶしぶ折れたわけだ。

文仁親王のお妃に決まった川嶋紀子さんは「3DKのプリンセス」と名付けられたが、これは父の川嶋辰彦さんが学習院大学教授だったため、教員用の住宅に住んでいたからだ。家にテレビがないことも話題になった。しかし、その渾名には大衆受けする親しみを表わす一方で、若干だが侮蔑の意味も含まれていたように思う。

皇室に入るのは、戦前は皇族あるいは五摂家や大名などの華族からと決まっていた。戦後においても弘前藩津軽家出身の常陸宮華子妃はもちろん、美智子上皇后の実家は日清製

文仁親王と紀子妃の結婚の儀は、1990年6月29日に行われた（写真は6月25日のリハーサルの様子）。写真：朝日新聞社 / アマナイメージズ

粉の創業家で、三笠宮信子（みかさのみやのぶこ）妃の実家は麻生セメントのオーナー。吉田茂元首相を祖父に持ち、麻生太郎副総理兼財務相は兄にあたる。高円宮久子（たかまどのみやひさこ）妃の父・鳥取滋治郎（とっとりしげじろう）もフランス三井物産の社長などを歴任した実業家だ。皇室へのお輿入（こしい）れに、実家の経済力は暗黙の条件とされていた。

納采の儀は異例にも台所で行われた。3部屋は両親である川嶋教授夫妻と紀子妃と弟の舟（しゅう）さんがそれぞれ使っていたため、それ以外にスペースがなかったからだ。当時のワイドショーは川嶋家が屏風（びょうぶ）などでいかに日常を隠したのかを詳細に報じている。

秋篠宮家の〝成功例〟が裏目に出た？

しかしながら知識階級に属する大学教授の娘という立場は、それを「清貧」として見せることを可能にした。さらに結婚の翌年に眞子内親王が誕生し、その3年後には佳子内親王が生まれた。なかなか世継ぎが生まれなかった皇太子夫妻（1993年6月にご結婚）にとって、「脅威ではない弟宮一家」という立場は、世間から批判を受けることもなかった。

むしろ適応障害を患い、公務もままならなかった雅子妃の代わりに、秋篠宮家は「公務に勤しむ理想の宮家」のスタンスを確立してきた。そして2006年9月6日に悠仁親王が誕生すると、その地位は一気に高まった。そして現在、秋篠宮家は従前と変わらず内廷皇族（独立した宮家を持たない皇族）ではなく一宮家であるものの、皇位継承第1位と第2位の親王を擁する最も重要な宮家となったのだ。

それらが一気に崩されたのが、眞子内親王の結婚問題だったといえる。しかも、その下地にイレギュラーな経緯で果たした両親の結婚という〝成功体験〟が存在するから厄介だ。

秋篠宮文仁親王と紀子妃の結婚は、確かに文仁親王の強い意思で貫き通されたものであったが、そこには秋篠宮系に皇統が行かないだろうという周囲の見方があった。秋篠宮家は皇位のスペアにすぎず、この時はそれ以上の存在とは見られなかったのだ。だから文仁親王には帝王教育が行われず、自由が許された。アメリカ人女優のメーガン・マークルと結婚したイギリスのヘンリー王子と同じである。

説得できない理由

しかし、眞子内親王の今のお立場はそうではない。そもそも皇族の現状が当時と今とでは随分違う。皇太子だった今上陛下にはこれから結婚して親王が生まれる期待があったし、高円宮家にも親王が生まれる可能性はゼロではなかった。だが天皇家には愛子内親王しか生まれず、高円宮憲仁親王は２００２年11月21日に薨去された。皇統を男系で貫く以上、皇室の現状はかなり厳しい状況といえる。

皇位継承第１位の文仁親王を父に持ち、第２位の悠仁親王を弟に持つ眞子内親王は、悠仁親王が誕生した時点から「将来の天皇の姉」として皇室を支える立場を自覚しなければならなかったはずだ。また次期天皇の長女として、黒田清子さんの次に伊勢神宮の祭主に就任する可能性も十分にある。ならば眞子内親王は、たとえ結婚したとしても、完全に民間人と同じということになるわけはない。

果たして眞子内親王は、そうした自分の立場を理解しているのだろうか。式典に出てテープカットを行い、笑顔を作って国民に手を振ることだけが公務ではない。世界最長の歴史を持つ皇室という存在をいかに支えていくかという自覚が問題なのだ。眞子内親王はそれを誰よりも強く自覚する必要があり、それに相応しい人物を伴侶として求める義務がある。

そうした自覚は日々の教育や親の姿を見ることで育まれるものだが、そうした育みがなかったのだろうか。両親が娘を説得できない理由がここにあるのだろう。

第二章

これまでの内親王・女王の嫁ぎ先

皇族にしか嫁がなかった明治時代の皇女たち

皇族として生まれた女性は、どのような相手と結婚してきたのか。明治期以降で見てみよう。

明治天皇には10人の皇女がいたが、6人が死産あるいは夭折し、4人が成人した。第六皇女の常宮昌子内親王は竹田宮恒久王に嫁ぎ、その弟である北白川宮成久王に嫁いだのが、第七皇女の周宮房子内親王だった。第八皇女の富美宮允子内親王は朝香宮鳩彦王と結婚し、その弟の東久邇宮稔彦王は第九皇女の泰宮聡子内親王と結婚している。いずれも皇族間の結婚で、臣籍降嫁ではない。

当時の結婚のほとんどがそうであったように、皇族の結婚もまた当人の意思というよりも、家の格の釣り合いを優先して選ばれた。とりわけ生家の格が最高に高い皇女の場合、嫁ぎ先を皇族に選ぶ例が多かった。明治天皇の皇女の結婚に合わせて設立されたことがはっきりしているのは竹田宮家だが、その他の3家の宮家も皇女の適齢期に合わせるかのようなタイミングで設立されている。明治維新をきっかけとして日本を天皇中心の国家にすべく、皇族を増やしていくことに積極的だったという明治天皇の意思が反映されていたのだろう。

戦後に変化した嫁ぎ先

大正天皇には内親王はいなかったが、昭和天皇には5人の皇女が生まれ、4人が成人した（第二皇女の久宮祐子内親王は生後半年で薨去）。4人の内親王の嫁ぎ相手は次の通りだ。

照宮成子内親王は東久邇盛厚王と結婚。後に臣籍降下。　皇族

孝宮和子内親王は五摂家のひとつである鷹司家第27代当主鷹司平通氏と結婚。
旧華族（公爵）

順宮厚子内親王は旧岡山藩主池田家第16代当主池田隆政氏と結婚。　旧華族（侯爵）

清宮貴子内親王は島津久永氏と結婚。旧華族（伯爵）

ここで留意すべきは、戦中に結婚した成子内親王は、明治天皇の皇女たちと同じく皇族に嫁ぎ、戦後の結婚になる和子内親王以降は臣籍降嫁となっている点だ。貴子内親王の夫となった久永氏に至っては、元華族とはいえ、戦前では爵位を持たない次男だった。しかし久永氏は貴子内親王の母である香淳皇后の縁戚で、父の久範氏は薩摩藩の支藩である旧佐土原藩藩主家を相続し、戦前までは伯爵の身分であった。その家柄から久永氏は一般人とは言い難い。

孝宮和子内親王（鷹司和子さん）の結婚

皇女の嫁ぎ先は皇室というのが明治時代以降の暗黙のルールになっていたが、第二次世界大戦後の皇室は、大きく変容せざるをえなかった。そもそもＧＨＱによる皇籍離脱の命により、天皇家を除くと、皇族は大正天皇の3家の直宮家（天皇の皇子や皇兄弟が創設した宮家）に限定された。そして、秩父宮家と高松宮家には子供が生まれなかった。華族制度もなくなったため、必然と内親王の結婚相手は一般人から選ばざるをえず、結婚後の内親王には「普通の奥様」になることが求められた。

昭和天皇の第三皇女である和子内親王のお相手は、明治神宮宮司で元公爵の鷹司信輔（のぶすけ）氏の長男・平通さんで、当時は交通博物館に勤務していたサラリーマンだった。鷹司家は関白・藤原兼平の子孫で、五摂家のひとつだ。

学習院女子高等科選修を修了後、和子内親王は元侍従長の百武三郎（ひゃくたけさぶろう）邸に移り、花嫁修業を行っている。といっても、一般家庭に住みこんだわけではない。百武元侍従長は和子内親王の家事見習いの期

1950年5月20日に行われた結婚の儀の様子。左から孝宮和子内親王、鷹司平通さん、昭和天皇、香淳皇后、貞明皇太后（当時）。

間のみ、神奈川県藤沢市内の自宅から宮内府の旧奏任官舎に移り住んでいた。いわば皇女のために「一般家庭」がしつらえられたといえるだろう。

婚約発表は1950年1月で、同年5月20日に高輪の光輪閣で結婚式が挙げられた。大正時代には東宮御所だった場所である。現在、上皇と上皇后が皇居を出て、赤坂御所が完成するまでの住まいとしている仙洞仮御所でもある。

もうひとつの縁談

実はこの縁談とは別に、和子内親王には東本願寺第25世の大谷光紹法主との縁談があったという。それをすっぱ抜いたのは京都の「都新聞」（1941年創刊。現在は廃刊）だった。

しかし、この縁談はうまく進まなかった。和子内親王に英語を教えていたヴァイニング夫人は、その理由を「和子内親王が光紹法主との縁談を拒否した」と記しているが、光紹法主の母の智子裏方は香淳皇后の同腹の妹で、和子内親王と光紹法主は従兄妹同士という関係だったため、近親婚を避けたいと思っていた昭和天皇は、東本願寺との縁談には消極的だったようだ。加えて光紹法主にアメリカ留学の予定があったことで、話は消えたとされる。

そして和子内親王は1949年秋ごろに平通さんとお見合いをしていた。和子内親王の祖母の貞明（ていめい）皇太后と平通さんの父・鷹司信輔（のぶすけ）公爵が従姉弟（共に九条尚忠の孫）という関係だったため、大宮御所で引き合わせられたようだ。最初から話が弾んだようで、すでに和子内親王の気持ちは平通さんに固まっていたのだろう。その気持ちをヴァイニング夫人は述べたのではないだろうか。

音楽という共通の趣味も、和子内親王と平通さんを強く結びつけたようだ。和子内親王はピアノを弾き、平通さんは合唱団のメンバーでもあった。作曲も手掛けた平通さんは、1950年4月29日に行われた天皇誕生日の内宴で作品を披露し、それを和子内親王がピアノで演奏し、貴子内親王が歌うというパーフォーマンスもあったという。

夫の不審死と強盗被害を乗り越えて

和子内親王は結婚後に「和子さん」となり、平通さんとは仲睦まじい夫婦だったが、2人は子供には恵まれず、和子さんは一度死産している。そして1966年1月に悲劇は起こった。平通さんが行きつけのバーのママの自宅で、一酸化炭素中毒により事故死したのだ。

警察の発表によれば原因は、室内にあったガスストーブの不完全燃焼だったが、これに東京ガスはクレームをつけた。警察が現場に踏み込んだ時にはストーブのガスは燃えていたので、一酸化炭素中毒はありえないというのがその主張だ。東京ガスはストーブを持ち帰って検証したが、不完全燃焼は発生しなかったという。

その後も和子さんに不遇が続いた。平通さんが亡くなって2年半後、自宅に包丁を持った強盗が押し入ったのだ。犯人と格闘しながらも手の怪我だけで済んだのは、不幸中の幸いだったといえる。

そんな娘を不憫に思ったのだろう。昭和天皇が和子さんに赤坂御用地内の元宮内省乳人官舎を提供した。不幸が重なった上に生命の危険にも遭遇した娘に対する親心として、無理もないことだ。

そして和子さんは１９７４年10月には伊勢神宮の祭事を主催する祭主に就任、１９８８年に体調を崩して辞するまで務めた。亡くなったのは翌１９８９年５月26日で、昭和天皇の崩御の４か月余り後だった。敬愛する父帝（みかど）の後を追うように、和子さんはその生涯を閉じたのだ。

ちなみに和子さんの前任の祭主は明治天皇の第七皇女の北白川房子さんで、１９４７年から１９７４年まで、初めての女性祭主としてその任にあたっていた。房子さんの姉で明治天皇の第六皇女の竹田宮昌子妃（成人した明治天皇の内親王で最年長）は１９４０年に死去していたため、選任された時の房子さんは「最年長の皇女」だった。和子さんも昭和天皇の第三皇女だったが、第一皇女の東久邇成子（しげこ）さんは１９６１年７月に死去しており、第二皇女の久宮祐子内親王は１９２８年に生後半年で夭折。祭主に就任時は「最年長の皇女」だったのだ。

なお、結婚後に赤坂御用地内に邸宅を与えられた和子さんの例をもって、「眞子内親王も小室さんとの結婚後、赤坂御用地内に住むことができるのではないか」などと語るのは適当ではない。和子さんは平通さんと一緒に赤坂御用地内に住んでいたわけではない。

また平通さんが亡くなったことを理由として、昭和天皇は和子さんに赤坂御所用地内に住むことを許可していない。あくまで強盗に押し入られ、和子さんが怪我をしたことによって、その安否を心配した昭和天皇が特別の配慮をしたということなのだ。

和子さんの境遇には多くの国民が、大いに同情を寄せていた。

よって、いったん降嫁した以上は、いくら元皇族であっても、さらに上皇陛下や上皇后陛下らからの寵愛がどれだけ深くても、容易に御用地内に住むことは許されないと考えるべきだろう。

順宮厚子内親王(池田厚子さん)の結婚

孝宮和子内親王と鷹司平通さんの結婚に「音楽好き」という共通点があったが、順宮厚子内親王の結婚は、互いに「動物好き」であることが鍵となったのではないだろうか。夫の池田隆政さんは旧岡山藩主家の長男で、東京で生まれ育ったが、学習院高等科（旧制）を卒業した後に大学に進まず、岡山で牧畜業を始めた。

厚子内親王とのお見合いは１９５１年４月で、厚子内親王が妹の清宮貴子内親王と一緒に中国地方を旅行した際に行われた。その後、双方に意思の確認が行われ、文通が始まる。いわゆる長距離恋愛のようなものが育まれたのだ。

ここで留意すべきことは、戦中に結婚した第一皇女の成子内親王とは異なり、戦後に結婚した和子内親王も厚子内親王も、本人の意思が尊重されている点だ。旧来のお見合い結婚とは異なり、恋愛結婚の要素が入っている。

これは皇室が新憲法を尊重し、新しい結婚のあり方をアピールするためだったことも一因だろう。成子内親王は結婚が決まってから東久邇宮盛厚王と実際にお見合いしたのに比べれば、雲泥の差である。

厚子内親王の花嫁道具は家庭用家電などトラック６台分で、持参金は７００万円（当時）だった。この年の大卒の国家公務員の初任給が７６５０円だったから、現在価値に換算すれば、およそ２億５０００万円くらいになるだろうか。ちなみに和子内親王に支払われた持参金は４８７万円で、「戦死者１万人の手当と同額」と批判された。

夫妻のために牧場内には総工費300万円で37坪の平屋の新居が建設され、居間にはマントルピースやソファーが置かれた。

結婚の翌年に「池田産業動物園」を開園し、入園者数は1987年度には18万5395人に達している。2012年に隆政さんが亡くなった後は、厚子さんが園長に就任した。老朽化する施設の改修にも多額の資金が必要で、経営は楽ではないようだ。

厚子さんは、1988年に和子さんから伊勢神宮祭主の役を受け継ぎ、2017年に退任。後任を姪の黒田清子さんに託している。眞子内親王の大伯母として、小室さんの問題をどう見ているのだろうか。

披露宴の後に笑顔を見せる池田隆政さんと厚子さん夫妻。1952年10月10日。

清宮貴子内親王（島津貴子さん）の結婚

戦前に皇族に嫁いだ成子さんに、戦後、元華族に嫁いだ和子さんと厚子さん。前者に比べて後者は、本人たちの意思が結婚にかなり反映されていたといえる。それでは貴子内親王はどうだったのか。

昭和天皇と香淳皇后の末っ子である清宮貴子内親王は、1939年3月2日に生まれた。厚子内親王より8歳下で、「おスタちゃん」の愛称で親しまれた。

おっとりした印象の姉宮たちとは異なるはきはきしたもの言いや、幼いころからの抜群のファッションセンスをいかして、結婚後の貴子さんは西武ピサに勤務。1989年から2005年まで、プリンスホテルの顧問取締役をも務めた。その後もアドバイザー役として助言するなど、〃働くプリンセス〃として活躍した。

また長男の禎久(よしひさ)さんはカメラマンとして活躍し、カナダ人女性と結婚。2人の孫娘にも恵まれている。

三笠宮家の内親王たちの場合

三笠宮家の長女として1944年4月26日に生まれた甯子内親王は、貞明皇太后が最も愛した孫娘だった。それは甯子内親王が貞明皇太后にとって最初の外孫娘であり、上皇后が眞子内親王を溺愛するのと似ている。さらに三笠宮百合子妃（甯子内親王の母）の母方の曽祖父である柳原前光伯爵は、大正天皇の生母である柳原愛子の兄で、貞明皇太后が皇太子妃時代に、愛子は教育係を務めている。愛子の献身ぶりに貞明皇太后は深く感謝し、大正天皇が崩御の際には特別に病室への入室を許している。

一方で貞明皇太后と香淳皇后の「嫁姑関係」はうまくいっていなかったようだ。皇族に生まれ、生母が正妃である香淳皇后に対して、五摂家出身であるが妾腹の貞明皇太后は一種のひけめを感じていたらしい。また生まれて間もなく杉並・高円寺の豪農である大河原家に里子に出され、5歳までのびのびと育てられた貞明皇太后に対し、おっとりと宮家のお姫様育ちだった香淳皇后は、性格の面でもまったく対照的だったといえる。

さらに宮中某重大事件（昭和天皇妃に内定していた香淳皇后の家系に色覚異常の遺伝があるとして、元老の山縣有朋らが久邇宮家に婚約辞退を迫った事件）にもかかわらず、最終的には「良子（ながこ）がいい」と昭和天皇に選ばれ、側室も置かずに仲睦まじい夫婦生活を送った香淳皇后に対し、貞明皇太后の夫である大正天皇は、新婚時代から梨本宮守正王（なしもとのみやもりまさ）に嫁ぐ前の鍋島伊都子（なべしまいつこ）姫に関心を示したり、女官にもちょっかいを出そうとしていたことが記録に残っている。

そうしたことがなおさら、より自分との縁が深い甯子内親王を可愛がる理由になったのだろう。貞明皇太后はたびたび幼い甯子内親王を呼んでは、一緒に遊んでいたらしい。

五摂家の筆頭と結婚

その甯子内親王が１９６６年に結婚した相手は、五摂家の筆頭である近衛家第31代当主の近衛忠煇さんで、日本赤十字社に勤めていた。忠煇さんの兄は第79代内閣総理大臣である細川護熙氏である。忠煇さんは甯子内親王と結婚する前年に、母方の実家の近衛家の養子に入り、護煇から忠煇と改名していたのだ。

2人をとりもったのは、甯子内親王の義理の伯母である高松宮喜久子妃だった。喜久子妃の父である徳川慶久公爵と忠煇さんの祖父である細川護立侯爵は非常に親しく、喜久子妃が幼少のころ、護立侯爵に抱っこされたことがあったという。また喜久子妃は忠煇さんの父である護貞さんや叔母である中島敏子さんとも旧知の仲であった。

そもそも忠煇さんが勤める日本赤十字社は、皇族とは縁が深い。皇后陛下が名誉総裁を務め、親王妃たちは全員副総裁に就任することになっていた。現在では秋篠宮紀子妃、常陸宮正仁親王および華子妃、三笠宮百合子妃、信子妃そして高円宮久子妃が副総裁を務めている。

親王妃たちは、週に1度、災害用の赤ちゃんの産着をミシンがけするなど奉仕作業に従事する。この親王妃たちの奉仕作業時に、甯子内親王の母である百合子妃が忠煇さんを見染め、すっかり気に入ったという。こうして縁談話が一気に進んだのだ。

なお甯子さんは2001年に学習院女子中・高等科の卒業生団体である常磐会会長に就任し、学校法人学習院理事も務めているが、秋篠宮家の2人の内親王が学習院大学で学ばず、次々代の天皇である悠仁親王が学習院に進学しなかった事実をどう受け止めているのか。

もし、悠仁親王が学習院出身の妃を選ばなかったら、皇室の藩屏としてのレゾンデートル（存在理由）を学習院は失いかねないのではないか。

奔放なプリンセスから茶道家元夫人へ

三笠宮家の次女である容子内親王は、「奔放なプリンセス」として知られた。学習院大学を卒業後、フランスのソルボンヌ大学に留学し、フランス人男性と同棲していたこともある。

姪の高円宮承子女王がイギリスのエジンバラ大学に留学時代、ＳＮＳであるミクシーに「親が良いなら、胸にヤモリの刺青を入れたい」などと書き入れたことが話題になったが、容子内親王もなかなかだったのだ。

容子内親王は１９８３年には裏千家若宗匠だった千宗之さん（２００３年に家元である宗室を襲名）と結婚するが、結婚が決まった時、三笠宮崇仁親王と百合子妃はパリに飛び、相手の男性と金銭的に関係を処理したという。

京都に嫁いだばかりのころは生活になじめず、緊張してばかりだったという容子さんだが、弟子の間では評価が高かった。

「何時間でも姿勢を崩さすに座っていられるのがすごい」

「さすがにお姫様。どんな時でもものおじせず、顔色を変えない」

裏千家では１９４０年に宗家の直轄組織として結成された淡交会という組織があるが、そこで聞いた話だ。

「裏千家はどうしても、皇室から内親王を迎えたかった」

華道の池坊は前家元夫人の保子さんを通じて天皇家につながっている（明仁上皇は再従兄妹にあたる）。また表千家は肥後藩主の細川家から14代家元の夫人を迎えており、その異母兄である近衛忠煇さんを介して、これも天皇家とつながっている。裏千家とすれば、容子内親王と宗之さんとの縁談は、まさに望んだものだった。

高円宮家の女王たちの場合

高円宮家は長女の承子女王はまだ独身だが、次女の典子女王は出雲大社権宮司の千家国麿さんに嫁ぎ、三女の絢子女王は日本郵船に勤務する守谷慧さんと結婚した。いずれも母親の久子妃が選んだ縁談だといわれ、そのお眼鏡に叶ったお相手に違いない。

典子さんが嫁いだ千家家は天之菩卑能命を始祖とし、天皇家に次ぐ旧家（天皇家より古い家系とする説あり）で、女王の結婚としては最高の格式を持った縁談だ。かねてからの高円宮家との付き合いもあったという。

2人のなれそめは2007年4月に、典子女王が久子妃と一緒に出雲大社に参拝した時だった。以降、バードウォッチングなどの共通の趣味を通じて交際を続け、2014年10月に結婚した。

しかし、2016年には週刊誌で別居が報道された。国麿さんは典子さんより15歳も年上で、結婚をきっかけに島根県に移り住んだ典子さんにすれば、親しい友達のいない境遇は大きなストレスだったという。

もうひとりの「けい」さん

その後の報道については目にしていないが、もし典子さんが国麿さんと離婚することになっても、高円宮家には事実上戻ることはできないだろう。そうした反省もあったのか、久子妃は末っ子の絢子女王のお相手に東京在住の守谷慧さんを選んだ。日本屈指の旧家の出身というわけではないが、その分、身が軽く、目の届く範囲に置いて見守ることができる。

守谷慧さんは、経済産業省のキャリア官僚だった治さんと専業主婦の季美枝さんの間に生まれた。幼いころは治さんの赴任にともなってフランスで過ごし、帰国後に港区立白金小学校から私立高輪中学・高輪高校を経て、慶應義塾大学文学部に進んでいる。就職したのは日本郵船で、堅実で安定したサラリーマンだ。

守谷さんはまた、母の季美枝さんが専務理事を務めていたＮＰＯ「国境なき子供たち」の理事をも務め、それをきっかけに久子妃と出会っている。久しぶりの邂逅に話が弾み、それから絢子女王との縁談に発展したようだ。

絢子女王が披露宴で着用したピンクのドレスは、生前に季美枝さんから久子妃に贈られた絹布で作られたものだった。カンボジアの女性が織ったというその布地を久子妃がとっておいたのは、将来娘のために、ドレスを作る可能性を予期していたのかもしれない。

対照的な2つの会見

さて、絢子女王の婚約内定会見は、2018年7月2日に行われた。眞子内親王の婚約内定会見の10か月後のことである。

この2つの会見は、極めて対照的だった。眞子内親王の結婚発表は、報道に先行されたため慌ただしく行われたのに対し、絢子女王の結婚は、久子妃を中心にして周到に準備されてきた印象が強い。

それ以上の違いは、結婚相手となる2人の「けい」さんだろう。漢字は違うが、読みが同じ名前を持つ2人は、国民に対照的な印象を与えたのだ。

小室さんは父親、守谷さんは母親を亡くしているが、その発言から結婚について母親の影響が強く見られる守谷さんに対し、小室さんの発言には幼い時に亡くなった父親への思いはほとんど感じられなかった。

眞子内親王の発言の中には秋篠宮家の雰囲気は感じられるものの、小室さんはあえて親を切り離している印象も受ける。週刊誌の報道ではまるで一卵性親子のように報じられている小室母子だが、実際にはどうなのだろうか。

2つの会見の記録を読み返して頭をよ

2018年7月2日、婚約会見での守谷慧さんと絢子内親王。写真：代表撮影 / ロイター / アフロ

ぎったのは、小室さんが過去に交際していた女性の報道だ。次々と資産家の娘と付き合い、最後に到達したのが内親王。どんどん実母と拡大するギャップを小室さんはどう埋めようとするのだろうか。

地味婚を選んだプリンセス、紀宮清子（のりのみやさやこ）内親王（黒田清子さん）

上皇・上皇后両陛下の長女で、唯一の娘である紀宮清子内親王は、2005年に黒田慶樹（よしき）さんと結婚した。天皇の娘が、皇族ではない平民と結婚した最初の例とされたが、黒田さんは秋篠宮文仁（ふみひと）親王と学習院初等科時代からの同級生で、いわゆる「ご学友」。三井銀行（当時）を経て、1997年から東京都庁に勤務している。

昭和天皇の唯一の女子の内孫として、清子内親王の結婚は早くから注目されていた。20歳の時には西武鉄道グループの元オーナーである堤義明さんの次男・正利さんの名前が候補に挙がったが、私企業関係者との結婚は適切ではないという理由で話は消えた。

長らく「最有力候補」として報道されたのは、1981年から宮中新年歌会始披講（うたかいはじめひこう）講師（こうじ）を務めた坊城俊成（ぼうじょうとしなる）さんだった。

坊城さんは暁星学園高校を卒業後、東京大学に進学し、建築学を専攻。フランスの中世ゴシック建築を専門とし、ソルボンヌ大学などにも留学経験がある。

曽祖父の俊章(としあや)氏は明治天皇の侍従で伯爵。山形県知事も務めた。祖父・俊良(としなが)氏も皇太后宮大夫として貞明皇后に仕え、その後、東京大神宮宮司や伊勢神宮大宮司を歴任。清宮貴子内親王と島津久永さんの結婚では媒酌人を務めている。宮中歌会始披講会会長だった父・俊周(としかね)氏は文化放送に入社して、フジテレビの取締役を務め、共同テレビジョン社長と会長を務めている。

坊城さんとの結婚は、清子内親王も乗り気だったと報道されたが、坊城さん側が固辞。清子内親王は1994年の誕生日の文書回答に、加熱する報道に苦言を述べられたことがあった。

ヴァイオリニストの服部譲二さんも有力候補だった。服部さんはセイコーの創業者である服部一族の一員で、8歳の時に一家でオーストリアに渡り、「三大美人ヴァイオリニスト」と言われた母の豊子さんから手ほどきを受けている。豊子さんはまた香淳皇后のヴァイオリンの先生でもあり、皇室と縁が深かった。ちなみに、天皇陛下が浩宮(ひろのみや)時代にお妃候補として有力だった服部聡子さんも、同じ服部一族だ。

長らく温められていた黒田さんという候補

このような華やかな候補の名前が報道される一方で、黒田さんも早くから名前が挙がり、最後まで残っていたのだ。

黒田さんの背景も、閨閥（けいばつ）という点では彼らには負けていない。トヨタ自動車に勤務していた父・慶次郎氏を大学3年の時に亡くしたが、父方の伯母・徳子さんが叙勲子爵の税所（さいしょ）家に嫁いでいた。税所家は薩摩藩士の家系で、西郷隆盛が奄美（あまみ）大島に流された時に支援を続けた。明治政府では堺県や奈良県などの県令を務めている。

またトヨタ自販の常務だった父方の伯父・慶一郎氏の妻が秋月種英（あきづきたねひで）子爵の娘という関係もある。秋月家を通じて、故・武見太郎日本医師会会長や故・吉田茂元首相、そして麻生太郎副総理兼財務省にもつながるなど、そうそうたる閨閥を背景に持っているのだ。

清子内親王と黒田さんの結婚式と披露宴は、2005年11月15日に帝国ホテルで行われた。神式の結婚式で清子内親王は白いローブ・モンタントを着用し、ティアラはなかった。アニメやサブカルチャーに関心を持つ清子内親王のドレスは、アニメ・ルパン3世の「カリオストロの城」のヒロインであるクラリスのドレスを模したものだといわれている。

その後に行われた披露宴では、ウェディングケーキの入刀もなく、招待客も118名と小規模で、清子内親王のお世話を長年してきた女性職員や警護官も参加した。清子内親王は母・美智子皇后の着物を着用し、髪はおかっぱのままでお色直しもなかった。天皇の一人娘の結婚式が地味婚だというのが、いかにも清子内親王らしいといえようか。

内親王の結婚とは

こうして見てくると、内親王の結婚相手は時代に応じて変化しているといえる。時には新しい時代を先取りし、また時には伝統文化の重要性を再認識させてくれる、それが内親王の結婚だ。

そしていくら時代が変わろうと、変わらないことがある。いずれの時代でも内親王の結婚には、国民の賛同が必要であるということだ。内親王の結婚は国家的な慶事に他ならないからこそ、国民の祝福は必須となる。

皇室ブランドはゆるぎない。皇室を古い身分制度の残照と考えている人がいるかもしれないが、旧習がすたれてきた今だからこそ、２７００年近くの歴史を持つ皇室の存在が輝いている。その輝きを悪用したり汚したりすることは、国民が許さない。

第二章

いったん出された天皇の裁可は覆せないのか

「天皇の裁可」の意味

眞子内親王と小室圭さんの結婚問題がここまでこじれた原因のひとつに、眞子内親王の祖父である上皇陛下が天皇時代の2017年9月3日に、「結婚を許可する」という裁可を下したことが挙げられる。いったん天皇の裁可が降りた限りは、結婚は破談にできないという理屈のために、前に進めないことはもちろん、後ろにも引くことができない状態なのだ。

確かに旧皇室典範第40条は「皇族ノ婚嫁ハ勅許ニ由ル」としており、戦前は皇族の結婚には天皇の許可が必要だった。そもそも天皇の判断は法的にも「聖断」とされた。だから「取り消せない」とされたのだ。

だが現行の皇室典範にはそのような条項はない。また象徴天皇は法的な「聖断」を下すことはできない。ならば現在では、「裁可」は形式的なものにすぎないのか。それとも、いまだ皇族内で一定の意味を持つものなのか。

もし天皇の「裁可」が形式にすぎないのなら、これに拘る必要はまったくない。眞子内親王と小室さんの結婚を白紙に戻すことは可能だ。

ただ現在では「裁可」に法的拘束力がなくとも、皇族として、天皇の行為は最大に尊重する礼儀的慣習的な義務があるだろう。「裁可」にこのような効力を認める場合、「天皇の裁可」がある限り、それを尊重し、皇族として結婚することにもなるだろう。

そもそも皇族の結婚のプロセスは、一般国民と同じではない。結婚によって皇室から離れて一般国民になる内親王や女王であっても、納采の儀を行っている。

もっとも、これがなくても、一般国民としての結婚は可能だから、納采の儀を経る結婚は、外国王族の結婚でいえば「宗教婚」という位置付けになるだろうか。それなら納采の儀を経ない結婚は、「民事婚」ということになるだろう。

このように、納采の儀を経る結婚とそうでない結婚は、法律的な意味での効力は変わらないとしても、周囲の評価は大きく変わってくる。皇族としての結婚に拘るなら(他の皇族と親戚付き合いを続けるなら)、納采の儀は不可欠といえるだろう。

結婚までのプロセス

内親王や女王が結婚する場合、次のようなプロセスを経る。紀宮清子内親王をはじめとして、三笠宮甯子内親王、容子内親王、その姪にあたる高円宮典子女王や絢子女王も、結婚する際にはみなこのプロセスを経てきた。

①婚約内定
②納采の儀
③告期の儀
④皇室経済会議
⑤神社参拝
⑥賢所皇霊殿神殿に謁するの儀
⑦朝見の儀
⑧入第の儀

⑨結婚式

ここで「納采の儀」とは一般でいう「結納」を意味し、これを経れば「婚約者」として公知される。「告期の儀」は婚家側から結婚の日取りを知らせる儀式で、近親者が使者に立つ。

そして「皇室経済会議」で皇族から離れる際の一時金の金額が決められる。「神社参拝」とは伊勢神宮に参拝し、結婚報告をする。

伊勢神宮は全国すべての神社の頂点に位置する神宮で、天皇や皇族が人生の節目に訪れる特別の場所だ。高円宮絢子女王は守谷慧（けい）さんとの結婚式の11日前の

結婚報告のため伊勢神宮を参拝される高円宮久子妃と絢子女王。写真：宮内庁HPより

2018年10月18日、母の久子妃と一緒に伊勢神宮外宮と内宮を参拝された。

「賢所皇霊殿神殿に謁するの儀」とは、皇居吹上御苑にある宮中三殿に参拝することを意味する。賢所とは皇祖天照大神を祭祀する宮殿で、皇霊殿は歴代の天皇皇后や皇族の霊を祀る宮殿、そして神殿とは天津神・国津神、すなわち八百万の神々を祀る神殿だ。

「朝見の儀」とは内親王や女王が天皇と皇后にお別れと感謝の言葉を述べる儀式のことだ。女性皇族の第一礼装であるティアラとローブ・デコルテで臨むことになる。「入第の儀」は結婚式の当日に婚家側の使者が新婦を迎えに行く儀式を指す。

皇室の中心は天皇だが、皇族の結婚については、天皇としての祝意は「朝見の儀」で果たされていると考えることができる。要するに、旧法のような法的な根拠を持たない「裁可」は、不可欠な要素として位置付けられていないのだ。

旧法でも絶対的ではなかった「天皇の裁可」

そもそも天皇の「裁可」は昔から常に絶対的なものだったのか。もし「裁可が絶対的なものならば、取り消すことはできないはずだが、実際には裁可を取り消して、婚約が破棄された例が過去にあったのだ。

たとえば皇太子だった大正天皇の妃として伏見宮禎子女王が1893年5月に決定したが、1899年3月に明治天皇の勅許が取り消され、破談となっている。これが、「皇室の結婚には破談があった」という確固とした前例といえるだろう。しかも、現在より天皇の権力がはるかに強大だった明治期に、いったん発令された勅許が撤回されたという事実は重要だ。

その一方で「天皇の裁可は取り消せない」としたのが、「宮中某重大事件」だった。同事件は皇太子だった昭和天皇の妃として久邇宮良子女王が内定していたが、良子女王の母方の家系に色弱があることが判明。良子女王の母方の伯父や兄弟にもそ

久邇宮良子女王（後の香淳皇后）。1928年1月1日。

の兆候が表われていたため、天皇家に色弱の遺伝を持ち込んでしまうのではないかと、大騒動になったのだ。

そればかりではない。良子女王の母の俔子妃が薩摩藩出身だったため、時の最高権力者だった山縣有朋ら長州藩出身者が良子女王の皇太子妃冊立に大反発。藩閥政治の政争の具となってしまったのだ。

最終的には昭和天皇の「良子がいい」という意向もあって、皇太子妃には良子女王が決定するが、「天皇の裁可」問題はこれにとどまらなかった。

そのわずか1か月後、今度は良子女王の兄である久邇宮朝融王と酒井菊子姫の婚約破棄問題が勃発したのだ。「宮中某重大事件」では「天皇の裁可は取り消せない」と主張した久邇宮家が、今度は天皇の勅許を得た婚約の取り消しを主張する側にまわったというのも奇妙な因縁を感じずにはいられない。

大正天皇との婚約を取り消された伏見宮禎子女王

大正天皇の后として明治天皇が最初に勅許を下したのは、当時7歳だった伏見宮禎子女王だった。

禎子女王は1885年6月27日、伏見宮第22代貞愛親王の第一王女として誕生した。1879年生まれの大正天皇より6歳下ということになる。生母は女房の増山奈越子で、禎子女王は幼いころからその美貌と利発さで衆目を集めていたという。

もっとも、お妃候補は禎子女王だけではなかった。皇太子妃の候補は皇族あるいは公爵など上級公家の娘から集められることになっていた。「明治天皇紀」明治32年3月22日には、次のような記述がある。

> 先づ之を皇族中に求め、若し得る能はずば則ち旧摂家中に求め、猶得る能はずば之れを旧清華中に求め、而して猶得る能はずば自余の公侯爵の間に求むるの方針

すなわち、皇太子妃候補はまず皇

伏見宮貞愛親王の第1王女、禎子女王。写真は山内豊景侯爵との結婚後。

族の中から探し、その中で適任者がいなければ五摂家の中から候補を探す。それでも見つけられなかったら、清華家から探し、なお見つけられなかったら、それ以外の公爵家や侯爵家から選ばなければいけないという意味だ。

これが通常の皇太子妃候補選定の身分の順番を定めたものなのかと思えば、そうでもないようだ。ここで重要なことは、それより以前は、皇太子妃候補として、五摂家の姫君を皇族の王女たちより上位に置いていたことである。

五摂家とは、近衛家、九条家、鷹司家、一条家、二条家の5家で、摂政、関白、太政大臣を輩出できる家系を示す。五摂家は公家の中でも別格とされ、禁中並公家諸法度では、皇族より席順が上位となっていた。

つまり、明治時代以前では、皇族より上位公家のほうが、格が上だったのだ。実際に明治天皇の正妃（皇后）である昭憲皇太后は、一条家22代当主である忠香の三女・美子姫であり、その先代の孝明天皇の正妃（女御）である英照皇太后は、九条家29代当主である尚忠の六女夙子と、2代続けて天皇の正妃が五摂家から出ていた（結果的に大正天皇の皇后節子妃も九条家の出身）。

そして清華とは摂家に次ぐ格式のある公家の家格で、太政大臣になれる三条家、西園寺家、徳大寺家、久我家、花山院家、大炊御門家、今出川家などを指した。

その中にも候補がいなければ、その他の公爵家や侯爵家から選ぶということだが、公家の家格の順位を見れば、皇太子妃候補は、その出自が最も重視されたことがわかる。

明治天皇は皇族から妃を選びたかった

ここで忘れてならないことは、明治天皇が天皇の権力の増強を意図していた点だ。江戸時代以前の旧習を払拭し、近代国家を建設するためには、天皇を中心として皇族が結集しなくてはならなかった。それゆえに明治天皇には、将来の皇后となる皇太子妃を皇族から選ぶ必要があったのだ。

ここから、天皇の一族である〝皇族から皇后を選ぶ〟という選択が重視され始める。しかし、皇族から妃を選ぼうにも、明治維新当時には、伏見宮、桂宮、有栖川宮、閑院宮の4つの世襲宮家しか存在しなかった。これでは皇室の勢力拡大には及ばないため、明治天皇が賀陽宮、東伏見宮、竹田宮、朝香宮、東久邇宮といった宮家を設立した。こうした新宮家は、明治天皇の皇女の嫁ぎ先の確保以上の意味が認められるのだ。中でも伏見宮家は、万が一の場合に皇統をつなぐ最も歴史ある世襲宮家であり、徳川家にも、第4代将軍家綱、第8代将軍吉宗、第9代将軍家重と、3人の御台所を出したという歴史があった。

よって皇太子候補として伏見宮禎子女王に白羽の矢が立ったのは、当然の帰結であった。禎子女王は正妃が生んだ子供ではなかったが、嫡子優先という皇位継承や家督継承の順位とは異なり、お妃選びに関しては、生母が正妃かどうかは重視されなかった。

このように順調に禎子女王に決まると思われた大正天皇の皇太子妃だが、思わぬ横やりが入るなどして、結局は叶わなかった。たとえば伯父の彰仁(あきひと)親王の横やりだ。

伯父・小松宮彰仁親王の横やり

禎子女王の祖父である第20代及び第23代伏見宮邦家(くにいえ)親王は子だくさんで知られ、50人以上の子女がいたとされる。このうち禎子女王の父の貞愛親王は、邦家親王の正妃である景子妃との間の3番目の男児（ただし2番目の喜久宮は9歳で早世）で、第22代と第24代の伏見宮家を継いでいる。

一方、邦家親王の他の王子たちは新宮家を創設した。邦家親王の女房である藤木寿子を母に持つ第一王子の晃親王は山階宮を、上野寿野を母とする第二王子の嘉言親王は聖護院宮を、鳥居小路信子を母とする第四王子の朝彦親王は久邇宮を、堀内信子を母とする第八王子の彰仁親王は小松宮、同母弟の博経親王は華頂宮、伊丹吉子を母とする智成親王は北白川宮、同母弟の依仁親王は東伏見宮を創設といった具合である。

このうち、小松宮は仁和寺の第30世の門跡に入った後、1867年の王政復古の大号令の際に明治天皇から還俗を命じられ、「嘉彰」と改名。海陸軍務総督などを歴任し、イギリスに留学した経験もあった。戊辰戦争や西南戦争での軍功を顕彰され、世襲皇族となっている。

しかしこの彰仁親王は、日清戦争の時に参謀長・征清大総督として活躍したり、日本赤十字社の初代総裁を務めるなど活躍は華々しいものの、その性格上、いろいろと問題が多い人であったらしく、跡取りと決まっていた異母弟・依仁親王に小松宮家の家督を相続させるのを拒否している。

そして、自分がいったん臣籍降下して華族となり、かねてから可愛がっていた能久(よしひさ)親王（彰仁親王の1歳違いの同母弟）の4男である輝久王を養子として家督を継がせることを宮内庁にはかったのだ。旧皇室典範では皇族の養子が禁止されていたため、わざわざ臣籍降下を願ったのである。

宮内省は省議の結果、彰仁親王には臣籍降下させず、輝久王を臣籍降下させて小松姓を名乗らせ、依仁親王には別の宮家を創設させることを明治天皇に請願。依仁親王には東伏見宮家を創設させることにして、小松宮家は1代で断絶。その代わりに華族である小松侯爵家を設立することになったという。

この彰仁親王が久邇宮家の女王を養女にして、皇太子だった大正天皇の妃候補にしようとしたのである。禎子女王への対抗心だ。

宮家相続のコンプレックスが原因か

彰仁親王にとって禎子女王は、弟である貞愛親王の娘で姪にあたる。にもかかわらず、姪の結婚を妨害しようというのは、自分が伏見宮家を継げなかったコンプレックスがあったといわれている。

邦家親王には景子妃と結婚する前に、女房である藤木寿子に産ませた晃親王がいた。この晃親王は、2歳年下の叔母である隆子女王と駆け落ちするという事件を起こし、1842年に仁孝天皇から閉門処分された。これを受けて邦家親王は隠居し、その跡を継いだのは嫡男の貞教（さだのり）親王だったが、27歳で亡くなった。貞教親王の嫡男は夭折（ようせつ）しており、跡取りがいなかった。よって、貞教親王の同腹の弟でまだ4歳の貞愛親王が、伏見宮家を継ぐことになったのである。

貞愛親王は、他の庶出の兄たちと同様に門跡寺院である妙法院に入り、得度する日を待っていたが、この異例の事態で、急遽（きゅうきょ）家督を継ぐことになった。これにおさまらなかったのが、16歳だった彰仁親王だった。彰仁親王も仁和寺に預けられ、門跡となっていたが、王政復古をきっかけとして還俗していた。後に小松を名乗ることになるのは、仁和寺の周辺地域の旧称が「小松」であったことに由来する。

しかし、彰仁親王の実家である伏見宮家は、わずか4歳の弟が継いだものの、長兄の晃親王の罪が許されると、父である邦家親王が家長に復帰した。そして邦家が

1872年9月に薨去（こうきょ）すると、弟の貞愛親王が再度跡を継ぐことになったのだ。

ここで彰仁親王に疑問が出てきた。なぜ26歳の自分ではなく、14歳の貞愛なのか——。勝気な彰仁親王としては、もんもんとした気持ちを抑えきれない思いだっただろう。だが皇室典範には、嫡子優先の原則が規定されていた。側室の子供である彰仁親王にとって、これは大きなハードルだった。

そうしたコンプレックスを一気に解消し、伏見宮家との立場を逆転させるには、皇太子妃を自分の家から出すしかない。だが彰仁親王には実子がいなかった。そこで白羽の矢を立てたのが、異腹の兄である久邇宮朝彦親王の第九王女である純子（あつこ）女王だったのだ。

ところが彰仁親王が動けば動くほどに、純子女王は不利になった。そもそも明治天

伏見宮邦家親王の第8王子、彰仁親王。

皇は、自己主張の強い彰仁親王に好意を抱いていなかったといわれている。彰仁親王が伊勢神宮祭主への就任を強く希望した時、明治天皇は「彰仁親王は不適当」として却下し、その役を、病弱ゆえに久邇宮家の家督を弟の邦彦(くによし)王に譲った賀陽宮邦憲(くにのり)王に任じたほどだ。

しかも、純子女王の実父である朝彦親王にしても、明治天皇が好む相手ではなかった。朝彦親王は孝明天皇のお気に入りで公武合体で活躍したが、その権勢があまりにも大きくなり、皇位簒奪(さんだつ)の疑いを周囲に抱かせるほどだった。そして晩年は歯に衣(きぬ)着せぬ諫言(かんげん)で、明治天皇をしばしば不愉快にしたというから、関係が良いはずがない。このような2人を背景に持つ純子女王を、明治天皇が皇太子妃として認めるはずがなかったのだ。

伊藤博文の誤解

禎子女王を皇太子妃にすることについては、伊藤博文も強く反対したという。理由は、貞愛親王の正妃である利子妃に精神疾患があったという点だ。

利子妃は自分にとって次男である昭徳王を1歳半で亡くした後、ひどくふさぎ込んだ。加えて家督が嫡男である邦芳（くにか）王ではなく、邦芳王より5歳上であるが女房の河野千代子が生んだ博恭（ひろやす）王に譲られたため、さらに病状が悪化したという。

その邦芳王は伯父である北白川宮能久（よしひさ）親王が台湾でマラリヤに罹（かか）り薨去したあたりから精神を病み、それを理由に家督相続を辞退している。明治37年（1904年）1月16日の「官報」には、「邦芳王殿下不治ノ疾病ノ故ヲ以テ貞愛親王殿下ノ情願ヲ允シ博恭王殿下ヲ伏見宮ノ継嗣（けいし）ト定メラル」との告示がある。

伊藤はこの件を引き合いにしたのだが、禎子女王の生母は利子妃ではなく、女房の増山奈越子で、利子妃と禎子女王との間に遺伝的な関係はない。

なお、利子妃の甥である有栖川栽仁（たねひと）王が明治天皇の第八皇女である允子（のぶこ）内親王の結婚相手として内定していたが、いったん明治天皇が裁可したものの、後に取り消しとなっている。その後、栽仁王が盲腸炎を拗（こじ）らせて20歳で薨去した時、訃報を聞いた元婚約者の允子内親王は大きなショックを受けて、号泣したといわれている。婚約解消が本人たちの意思ではなかったことがうかがえる逸話だ。

そして栽仁王には嗣子がいなかったために、有栖川家は断絶した。ちなみに、その伝統のひとつである有栖川流書道は、栽仁王の姪で高松宮宣仁(のぶひと)親王妃となった喜久子妃を通じて、秋篠宮文仁親王に伝えられている。

健康上の理由で破談

このように様々なところから横やりが入ったが、大正天皇と禎子女王の結婚内定が取り消された最大の理由は、禎子女王の健康問題だったといわれている。身体検査の結果、「右胸部に水泡音が聞こえて憂慮ある」とし、侍医の橋本綱常(つなつね)や池田謙斎(けんさい)らが「禎子女王には結核の兆候あり」と騒ぎ始めたのだ。岡玄卿(おかげんけい)侍医局長も結婚を中止すべきと具申した。禎子女王の右胸部に聞こえたとされる水泡音については、その証拠ははっきりしていない。

確証がないにもかかわらず、これは非常に重視された。生まれつき病弱な皇太子の妃には、出自や美貌、才気なども重要だが、何よりも皇統の継続に資することが優先とされた。世継ぎを産むべき皇太子妃は、人一倍健康な女性でなければならない。そのような期待が、禎子女王の健康について過剰な噂を生み出したと思われる。

ところが他の候補といえば、「久邇宮（純子）は〝いかにもお体裁不宜〟、一条（経子）は〝御性質宜しからず〟、徳川（国子）は〝見映え無之〟」と言われ、なかなか適格者が見つからなかった。「やはり禎子女王しかいないのか」という声すら出たらしい。その中でいわば選外から一気に浮上したのが、後に貞明皇后となる九条節子姫だった。

健康を理由に皇太子妃として選ばれた九条節子姫

生後間もなく東多摩郡高円寺村の大地主である大河原金蔵夫妻に里子に出され、近所の子供たちと野山を駆けまわる幼少期を送った節子姫は、その健康的な風貌から「黒姫様」と呼ばれていた。禎子女王のような典型的なお姫様タイプとはかけはなれていて、華族女学校に入学後も節子姫はのびのびと自由に振る舞っていた。皇太子妃に選ばれたのは、そうした健康さに注目されたゆえだ。

こうして皇太子妃は九条節子姫に決定したが、明治天皇は禎子（さちこ）女王を気遣った。内親王にすら滅多に会わなかった明治天皇だが、禎子女王には会ったことがある。父である貞愛親王には、禎子女王の縁談については宮内庁が配慮することが伝えられ、禎子女王には明治天皇から多額の下賜金が渡された。伏見宮家はそれを受け入れ、後に述べるように、「宮中某重大事件」で久邇宮家が踏ん張ったような強固な抵抗をしていない。その理由は貞愛親王の性格もあっただろうが、おそらく当時の女子の結婚年齢が大きな要因ではなかったか。

皇太子との結婚の勅許が出てからすでに6年近くたち、禎子女王は14歳になろうとしていた。早婚が一般的だった当時としては、適齢期にさしかかろうとする年齢である。娘の将来を思えば、騒ぎを大きくするよりも、早く別の良縁を探すほうが得策だと考えたのではないだろうか。

禎子女王は貞明皇后より長生きした

こうして大正天皇と禎子女王の結婚は成立しなかった。禎子女王はその2年後に山内豊

結婚の儀に臨む皇太子嘉仁親王（後の大正天皇）と節子妃（後の貞明皇后）。1900年の撮影。

景侯爵と結婚している。ともに大正天皇のお妃候補であり、華族女学校で同級生だった節子皇后との交際は、節子皇后が１９５１年５月17日に66歳で薨去するまで続いたという。

禎子女王自身は１９６６年２月９日に80年の人生を閉じている。健康を重視されて皇太子妃に選ばれた貞明皇后より、禎子女王が14年も長生きしたことは、歴史の皮肉とも思えてしまう。なお禎子女王は薙刀の達人で、１９５５年には全日本なぎなた連盟の初代会長に就任している。もし「禎子女王の健康に難あり」と診断した医師たちがこれを知ったとするなら、自分たちの判断をどう思ったのだろうか。

昭和天皇のお妃候補たち

大正天皇の最初の婚約は取り消されたが、昭和天皇と良子皇后の婚約も取り消されそうになったことがある。いわゆる「宮中某重大事件(きゅうちゅうぼうじゅうだいじけん)」だ。

すでに述べたように皇太子の妃は皇族、五摂家から出すというのが暗黙の了解であり、皇太子だった昭和天皇の有力なお妃候補は5人いた。一条実輝(さねてる)公爵の三女の朝子(ときこ)姫、久邇宮邦彦(くにのみやくによし)王の第一王女の良子女王、梨本宮守正(もりまさ)王の第一王女の方子(まさこ)女王、山階宮菊麿(きくまろ)王の第一王女の安子女王、伏見宮博恭王の第一王女の恭子(やすこ)女王だ。

この中で朝子姫だけが公家の出身だが、これは孝明天皇の女御（この時は正妃は皇后ではない）が九条家の出身で、明治天皇の皇后が一条家、大正天皇の皇后が九条家の出身と、九条家と一条家から交互に出たため、「次は一条家からになるだろう」との期待があったためのようだ。一方で安子女王の母・範子(のりこ)妃は貞明皇后の同腹の姉になるため、安子女王は九条家系ともいえる。

なお方子女王と良子女王は従姉妹同士という関係になる。２人の父である久邇宮邦彦王と梨本宮守正王は、ともに久邇宮朝彦親王の王子で異母兄弟だったためだ。

方子女王は母の伊都子(いつこ)妃譲りの美貌とそのおっとりとした性格で、早くから有力な皇太子妃候補と見なされていたが、１９１６年に朝鮮王族の世子（皇太子）である李垠(りぎん)と婚約が決まり、１９２０年に結婚した。方子女王が裕仁(ひろひと)親王のお妃候補から外された理由に、方子女王が裕仁親王と同年であることを上げる説もあるが、当時は妃が年上でもよく、実際に昭憲皇太后は明治天皇より３つ年上である。

大韓帝国最後の皇太子李垠（1928年ごろ）と、方子妃（1937年）。

むしろ方子女王が朝鮮王朝の皇太子妃に選ばれたのは、梨本宮家の国際性に注目されたからではなかったか。母の伊都子妃はイタリア生まれで、夫・守正王とヨーロッパを旅行したこともある。そのような家庭で生まれ育った方子妃は、第二次世界大戦で国際情勢が激変する中で運命に翻弄されながらも日韓親善に尽力し、１９８９年４月30日にその波乱万丈の生涯を閉じている。

良子女王が最有力候補に

朝鮮王朝の世子妃に決まった方子女王が皇太子妃候補から外れたため、皇族系として最有力候補となったのが良子女王だ。久邇宮家の意気込みは相当で、宮家として決して家計が豊かではなかったにもかかわらず、渋谷町下渋谷（現在の渋谷区広尾）の御料地に秀麗な新居を建設している。

現在では聖心女子大学の一部となっているその敷地には、一部は戦災で焼失したものの、２０１７年11月に重要文化財に指定された正門と建築面積７１２平米の木造建築が残されている。設計は台湾総督府庁舎などを手掛けた森山松之助で、各所に寺社建築の趣向を取り入れているのが特徴だ。内部には座敷飾や透彫欄間などが備えられており、格天井には前田青邨の絵をはめ込むなど、贅と技巧を尽くしている。いかに久邇宮家が良子女王の皇太子妃冊立に力を入れたかが想像できる。

もっとも豊かとはいえない久邇宮家の財政では、このような巨費はなかなか負担できなかったはずだが、実はその背景に三菱がいたのだ。三菱はもともと岩崎弥太郎が坂本竜馬の死後に海援隊を引き継ぎ、薩摩出身の大久保利通の引き立てで政商になったという経緯がある。そういう関係から三菱は、薩摩藩から俔子妃を迎えた久邇宮家とって強力なスポンサーになっていたのだ。

このように順調に条件が整えられ、良子女王の皇太子妃決定へと一気に流れが作られていった。その一例が１９１７年5月2日に、薩摩出身の松方正義が内大臣に就任したことだ。御璽を管理する内大臣は、いわば天皇のアドバイス役である。また、薩摩藩主の島津久光の側近として生麦事件などにも関与した松方にとって、俔子妃を母に持つ良子女王は、主君の曽孫という関係にあった。

大正天皇の病状の悪化

節子皇后が学習院女子部を授業参観した時に、聡明で上品な良子女王をひとめで気に入ったことも重要だ。節子皇后は皇太子妃選定を急いでいたが、その理由は大正天皇の病状だった。幼少期から病弱だった大正天皇は、即位時から常に偉大な先帝と比べられてきたことから、そのストレスに耐えきれず、１９１６年ころからは言語障害も発症し、政務をとることもままならなくなっていたのだ。

１９２１年、ついに裕仁親王が摂政となる。宮内省が発表した「聖上陛下御容体書」を、１９２１年11月25日の東京朝日新聞夕刊が掲載しているが、その内容から大正天皇の症状の深刻さがよくわかる。

> 天皇陛下に於かせられては禀賦御孱弱（生まれつき身体が弱いこと）に渉らせられ、御降誕後三週日を出てさ（ざ）るに脳膜炎様の御疾患に罹らせられ、御幼年時代に重症の百日咳、続いて腸チフス、胸膜炎等の御大患を御経過あらせられ、其の為め

> 御心身の発達に於いて幾分後れさせらるゝ所ありしが、御践祚（天皇になられること）以来内外の政務御多端に渉らせられ、日夜御宸襟を悩ませられ給ひし為め、近年に至り遂に御脳力御衰退の徴候を拝するに至れり。目下御身体の御模様に於ては引続き御変りあらせられず、御体量の如きも従前と大差あらせられざるも、御記銘、御判断、御思考等の諸脳力漸次衰へさせられ、御思慮の環境も随て陝隘とならせらる。殊に御記憶力に至りては御衰退の兆最も著しく、之に加ふるに御発語の御障碍あらせらるる為め、御意志の御表現甚御困難に拝し奉るは洵に恐懼に堪へざる所なり。

天皇がこのような状態とあっては、節子皇后が皇太子妃選定を急いだのも無理もない。さっそくお妃選びの前提となる良子女王の身体検査が行われた。良子女王ばかりではなく、その妹たちも全員検査を受けている。そして視力や虫歯の有無まで検査した結果、まったく異常は見つからなかった。「拝診書」にはすべて正常との太鼓判が押されていた。

色弱の家系

この時は色覚検査は行われなかったが、久邇宮家には懸念があった。母の俔子妃の実家である島津家には遺伝的疾患があり、俔子妃の生母の寿満子と俔子妃の弟である忠重(ただしげ)公爵が色弱だったのだ。邦彦王は波多野敬直(はたのよしなお)宮内大臣にこれを知らせたが、波多野大臣は問題にしなかった。節子皇后が気に入って話を進めている以上、皇太子妃は良子女王以外に考えることができなかったのだ。邦彦王は念のため、角田隆医学博士に良子女王を診察させ、異常がないという判断と共に、「角田調書」を作らせている。

そして1918年1月に、良子女王の皇太子妃冊立が内定。さっそくお妃教育が始まり、良子女王は学習院女子部中等科を中退した。婚約が正式に内定したのは1919年6月10日で、良子女王が皇太子と初めて会ったのはその7か月後の1920年1月6日だった。節子皇后同席の下で2人は1時間対面している。

ところが事態は暗転する。軍医の草間要が学習院での身体検査で、偶然に良子女王の兄である邦英（くにひで）王に色覚異常があることを発見したのだ。

草間はさっそく久邇宮家や邦英王の母方の島津家を調査し、邦英王の兄の朝融（あさあきら）王と叔父の島津忠重公爵に色覚異常があることを突き止めた。そして俔子妃や忠重公を生んだ側室の山崎寿満子からの由来であることと結論づけた。それを山縣有朋の主治医である平井政遒（まさかつ）博士が見つけ、山縣に報告したのだ。

背景に薩長の争い

当時、山縣有朋は政治の頂点にいた。長州藩の足軽の息子は尊王攘夷（そんのうじょうい）運動で成り上がり、明治政府で2度首相を経験。伊藤博文らが亡くなっていく中、「最後の元老」として明治と大正の時代に君臨していた。

その山縣はこの報告に飛びついた。良子女王から皇孫に色弱の遺伝が伝われば、軍の総司令官としての役割を果たすのは難しくなってしまう。当時は視覚異常では徴兵制を免除され、陸軍大臣に就任できなかったのだ。

そもそも「宮中某重大事件」は単なる「皇太子妃の遺伝疑惑」というものではない。

「明治維新の功勲をめぐる薩摩と長州の争い」という面が大きいのだ。薩摩藩主である島津家出身の俔子妃を母に持つ良子女王が皇太子妃になれば、薩摩の勢力が増大する。長州出身の山縣にはそれが許せなかったのである。

なぜこれほど重要なことを見逃したのか――。山縣はさっそく波多野宮内大臣に辞任を迫り、後任に陸軍士官学校の元校長であり、南満州鉄道総裁を務めた中村雄次郎を登用した。中村宮内大臣は陸軍医学学校長で宮内省侍医寮御用掛の保利眞直(ほりまさなお)医師を呼び、良子女王の色弱について調査を命じた。保利医師が提出した「色盲遺伝に関する意見書」(保利調書)には、皇太子と良子女王の間に生まれる皇孫は、色盲になる可能性は半々で、問題が発生する前に徴兵令を改めるべきだと報告している。

これが良子女王の皇太子妃冊立に対して反対する有力な根拠となった。大勢は「久邇宮家は皇太子妃を辞退すべし」となっていたのだ。

綸言汗(りんげんかん)のごとし

久邇宮家に辞退勧告する役目を背負わされたのは、伏見宮貞愛親王だった。貞愛親王は皇族の筆頭格であり、かつてその第一王女の禎子女王が大正天皇妃に内定していたものの、辞退して山内豊景侯爵に嫁がせた経緯もあった。説得役として、これ以上の人物はいないと思われた。

しかし、邦彦王はこれをきっぱりと拒否した。久邇宮家にすれば、皇太子妃への冊立話が持ち上がった時、すでに宮内庁（当時の波多野大臣）には話してある。しかも「角田調書」を作成し、良子女王には色弱の遺伝が伝わっていないことは証明済みと考えている。さらに皇太子妃冊立に備えて、将来の皇后の実家に相応（ふさわ）しい住居も新築した。ここまでやっておきながら、今さら退くことはできない。

「綸言汗のごとし」

いったん身体から出た汗は、戻ることはない。神聖で絶対的無謬性（むびゅうせい）のある天皇の言葉もそれと同じで、いったん発せられたら変えるべきではない。それが久邇宮家の主張だった。つまりは天皇の威信にかけて、発言撤回は許されないとしたのだ。

やがて「宮中某重大事件」は、枢密院議長だった山縣有朋のみならず、西園寺公望（さいおんじきんもち）や良子女王の教育に努めた杉浦重剛（じゅうごう）、国粋主義者の頭山満（とうやまみつる）までを巻き込み、大きな政争に発展した。

本来なら決断を下すべき大正天皇は病床にあり、節子皇后だけではどうしようもなかったのだ。色弱については節子皇后は不安を抱いていたが、とはいえ反対派の山縣のことも大嫌いだったし、強引な邦彦王の態度にも不快さを感じていた。

そしてついに原敬（はらたかし）首相が腰を上げ、山縣ら婚約破棄側の切り崩しにかかった。さすがの山縣も、このままでは皇室のためにならないという意見には抗（あらが）えず、良子女王の皇太子妃冊立への反対を引っ込めた。山縣が登用した中村大臣が辞任し、山縣の権威が失墜した。

このころから山縣は衰えていったようだ。摂政問題など国政の重要事項について信頼する原首相の主導に委（ゆだ）ねるようになった。その原首相が11月に暗殺されると、山縣はがっくりと力を落とした。そして1922年2月1日に、山縣はこの世を去る。

1922年6月には結婚の勅許が出され、摂政となった裕仁親王が勅書に署名した。なお、良子女王の皇太子妃冊立には、皇太子である裕仁親王の希望が強く反映されてもいたのである。

久邇宮朝融王事件

「宮中某重大事件」では婚約破棄に抵抗した久邇宮家だったが、間もなくその立場が逆転した事件が勃発する。

きっかけは良子女王の兄である久邇宮朝融王が、雅楽頭系酒井家第25代当主の酒井忠興伯爵の次女菊子姫を見て、ひとめ惚れしたことだった。朝融王の妹で、後に三条西伯爵家に嫁ぐ信子女王が学習院女子部で菊子姫と同級生だったことから、2人の〝橋渡し〟となっている。結婚前の良子女王も、手紙を渡す役を担ったらしい。当初は久邇宮家がみな、この縁組を祝福し、歓迎していたということになる。

そして1917年9月には両家の間に内諾が交わされ、大正天皇の内許も得た。

ところが無事に天皇の勅許を得た後、朝融王は心変わりしてしまったのだ。その雰囲気は徐々に酒井家にも伝わっていき、両家の間には大きな不信感が横たわることとなった。それればかりではなかった。つい最近まで皇室を揺るがしていた「宮中某重大事件」で一敗地にまみれた山縣有朋や田中義一（たなかぎいち）ら長州派から、反撃を喰うことにもなりかねなかった。そうなれば皇室のみならず国政自体が混乱してしまう。

しかし、「菊子姫と結婚したくない」という朝融王の決意は固く、父の邦彦王の意向も同じだった。そして両者の協議の際、久邇宮側が婚約解消の理由として挙げたのが、菊子姫の「節操問題」に関する噂だった。

酒井家は菊子姫の父・忠興が1919年9月22日に40歳の若さで亡くなったため、姉・秋子の婿養子である忠正が家督を継ぎ、第26代当主となっていた。噂とは、その義兄と菊子姫との醜聞だった。この噂には根拠がなかったが、菊子姫側の近親者から発信されていたともいわれ、その真相は謎に包まれている。もっとも、久邇宮家側が十分な裏付けもない噂を破談の口実として使ったことは、卑怯な印象が否めない。

婚約から7年を経て、この騒動は最終的には菊子姫側から辞退を申し出て決着を見ている。酒井家側は、出口の見えない縁談にこだわることは、菊子姫にとってかえって不幸になると踏んだのだ。この時、菊子は21歳になっていた。当時の上流階級の女性としては、結婚適齢期を過ぎようとしていた。

ちょうどそのころ、旧加賀藩主である前田利為(としなり)侯爵との縁談話が飛び込んできた。利為公は旧加賀藩前田本家16代当主で、菊子姫の実家である酒井家より格が上であり、しかも経済的に裕福だった。利為公は菊子姫より18歳年長で、前妻の漾子(なみこ)夫人は1923年にパリで客死しており、2人の息子がいた。

利為公と菊子姫の仲は円満で結婚翌年に長女が生まれた。後にマナー評論家として著書を出すなどメディアで活躍した酒井美意子(みいこ)さんだ。さらに一男二女にも恵まれ、利為公が1942年4月にボルネオで戦死するまで、平穏で幸せな結婚生活を送った。

朝融王婚約破棄事件の後日談

一方で朝融王は1925年1月26日に伏見宮知子女王と結婚している。同月に天皇から勅許を得たばかりで、非常に急いだ結婚だった。利為侯爵と菊子姫の結婚に12日だけ早かったのは、久邇宮家側に意地があったと見るべきだろう。

朝融王と知子妃の間には8人の子供が生まれたが、朝融王は知子妃との結婚後に侍女に子供を産ませており、決して素行が良い夫とはいえない。もっとも知子妃も、結婚の際に父・博恭王から「朝融王は菊子姫との破談によって、早く結婚しなければ面目が立たなくなっているので、我慢するように」と言い含められており、諦めの境地にあったようだ。そして知子妃は９人目の子供を妊娠中に妊娠中毒症に罹患し、皇籍離脱の４か月前に40歳で死亡している。

なお、菊子姫の長女でマナー評論家となった酒井美意子さんは、その後、朝融王が未亡人になっていた菊子に結婚を申し込み、菊子が一蹴したと著書に書いている。朝融王にそれほど未練があったのなら、「菊子姫と結婚したくない」とごねたのはいったい何だったのか。あれは本人の意思ではなかったのか。

一説には朝融王と菊子姫の破談の理由として、良子女王が皇太子妃となったために、久邇宮家が急に高飛車になったのではないかといわれている。将来の天皇の義兄と譜代の伯爵家の令嬢とでは、釣り合いが取れないという理由らしい。

しかし結果を見れば、菊子姫は朝融王と破談になったゆえに、かえって幸せを掴んだといえるだろう。浮気な夫に悩むこともなかったし、もし久邇宮家に嫁いで王妃になっていても、１９４７年の皇籍離脱によって身分と特権は剝奪されることになったからだ。

眞子内親王の結婚の裁可はどうなるのか

以上、皇室の歴史を振り返ってみたが、このように天皇主権主義の戦前ですら、天皇の勅許が容易に取り消されていたことがわかる。要するに、天皇の裁可はかならずしも絶対的なものではなく、当事者の都合によっていくらでも理屈を付けることができたのだ。

昭和天皇と良子女王の結婚についての大正天皇の勅許を、「綸言汗のごとし」として変更を拒否した久邇宮邦彦王ですら、その直後に長男の朝融王の気まぐれで、菊子姫との婚約を破棄している。このような二枚舌も可能なほど、実際には裁可はいくらでも動かせたのだ。

よって、上皇が下した眞子内親王と小室さんの結婚の裁可にしても、取り消すことは決して不可能ではないだろう。

眞子内親王と小室さんの婚約が内定したのは、2017年9月だった。結婚を裁可したのは上皇陛下が天皇だった時代だが、2018年11月に予定されていた結婚式は、小室さん側の借金問題が発覚して2020年まで延期された。そして平成が令和に替わり、2021年を迎えた今、まだ納采の儀も行われていない状態だ。

ここで問題になるのは、前天皇の裁可をどうするのかということだ。天皇の退位とともに効力を失うのか、それともいまだ効力を維持しているのか。

後者であるのなら、今上天皇は前天皇の裁可を取り消すことができるのか。あるいは、上皇が天皇時代に出した裁可を取り消すことができるのか。

成婚間もない皇太子裕仁親王（後の昭和天皇）と、良子妃（後の香淳皇后）。1924年の撮影。

眞子内親王の結婚の裁可はすぐさま取り消し可能

端的にいえば、いずれも可能と思われる。平成から令和に替わった時点で、上皇の天皇時代の裁可は無効になるのなら、天皇の裁可が必要な事項については、新たに今上天皇に委ねなければならない。また前天皇の裁可が有効であっても、今上天皇が取り消せないはずがない。これまで見てきたように、天皇が主権者であった時代の明治天皇や大正天皇の勅許ですら、皇族や臣下がその効力を否定した例があるからだ。ならば象徴天皇制のもとで、裁可の取消を否定する理由はない。現行憲法下の天皇のほうが、明治憲法下の天皇よりも権限が強大であろうはずはないからだ。

さらに「前王が決定したことについて、その後継者は覆せない」とするならば、それはまるで北朝鮮と同じではないか。北朝鮮は邦人拉致問題について、「金正日総書記の命令で行ったもので、金正日が亡くなった以上は取り消せない」という硬直した論法で解決を拒否したことがある。かの国は貧困にあえぐ人民の上に絶対的権力を持つ指導者が君臨するというシステムだ。それと同じ論法を日本の皇室が使うべきではない。

天皇時代に出した裁可を上皇が取り消せるかどうかについても、肯定的にとらえるべきだろう。そもそも天皇の地位は終身のもので、上皇の譲位は特例なのだ。もし生前退位を行わず、皇室典範の原則通りなら、上皇陛下はいまだ天皇の地位にあるはずだ。にもかかわらず、在位中なら取り消せるが退位すれば取り消せないというのでは、天皇の行為を不安定化させてしまいかねないのではないか。

皇族としての特権乱用ではないのか

そもそも眞子内親王と小室さんの結婚における天皇の裁可を、戦前の天皇の勅許と同等の効力ありと見なすなら、まずは宮内庁が小室さんの身元調査を徹底的に行うべきだった。それが不可能だったとしたら、国民にその理由も説明するべきだろう。

しかし、眞子内親王の結婚に対して行われた上皇の天皇時代の裁可にそうした公的な性格はうかがえず、ただ孫に甘い祖父が孫娘の言いなりになって出した許可にすぎないように見える。要するにこの裁可は、極めて私的行為に近いものというわけだ。

それならなおさら、前提が変われば取り消すことになるのではないか。上皇の天皇時代の裁可の後で次々と出てきた小室さん側の金銭問題などを考えれば、たとえこれが一般家庭だったとしても、結婚に不安を抱かない家族や親族がいるはずもないのだ。にもかかわらず、それでも「裁可は取り消せない」と主張するならば、それは天皇の威光を悪用する行為に他ならず、明確に公私混同である。

天皇はその地位が憲法で規定される究極の公人であって、皇族もそれに準ずる存在だ。財政的にもそれはうかがえる。天皇、上皇、内廷（ないてい）にある皇族には、内廷費として年間3億2400万円（令和2年度）、その他の皇族費についても、合計で年間2億6932万円（同上）が国庫から支給されている。眞子内親王や佳子内親王にもそれぞれ年間915万円が支給されているのだ。

これは特権階級の「お小遣い」ではない。皇族として相応しい存在を維持するという「公人としての対価」なのだ。さらにこれから「皇女制度」が発足すれば、それに対する報酬も、「公人としての対価」の側面が出てくるだろう。

このように皇族は公人としての側面が多く、完全な私人とはいえないのだから、当然、一般私人とは異なる制約を甘受しなければならない。

一般私人であれば個人的なイベントである結婚も、公人の場合はそうはいかなくなる。皇族の結婚は多くの国民に祝福されなくてはならないのだ。秋篠宮文仁親王が誕生日会見で眞子内親王の結婚について述べているのは、まさにこのことに相違ない。

にもかかわらず、眞子内親王は公人としての義務を果たそうとはしていない。眞子内親王と結婚したいのならそれに協力すべき小室さんも、まったくその様子を見せていない。公人として結婚するなら、国民からの祝福を受けるべく努力しなければならないところだが、眞子内親王も小室さんも、それを一切怠っている。2人が主張しているのは個人の権利であり、個人の自由に他ならない。

象徴天皇制のもとでの天皇の裁可を「聖断」としてはならない。すでに述べたように、過去においても皇族やその周辺がその絶対性を崩してきた例は数多（あまた）あるではないか。「裁可を取り消せない」とするなら、なぜ国民に対してのみ、天皇の「裁可」を絶対的な存在とするのだろうか。眞子内親王と小室さんとの結婚を成立させるためにそのようなおためごかしを使うなら、国民の心はますます離れていくに違いない。

第四章

海外ロイヤルファミリーの結婚問題

ヨーロッパ史に残る結婚のトラブル

外国の王族の結婚はどのようなものなのか。ヨーロッパでは日本以上に身分制度が厳格に固定されており、身分違いの結婚を正式に認めない国も多かった。貴賤婚（きせんこん）の場合は正式の妻とは認められず、間に生まれた子供にも、王位継承権はないものと解された。たとえば神聖ローマ帝国の冠を保有していたオーストリア・ハンガリー帝国の皇室がそうだった。

貴賤婚では子供に王位継承権はなかった

1914年6月28日、第一次世界大戦のきっかけとなったサラエボ事件が発生した。この事件でボスニア系のテロリストであるガヴリロ・プリンツィプによって暗殺された、オーストリア大公フランツ・フェルディナントとその妻のゾフィー・ホテクは、大恋愛の末に結ばれたカップルだった。

フランツ・フェルディナントがオーストリア・ハンガリー帝国の皇位継承権者となったのは、従兄のルドルフ皇太子が、17歳の男爵令嬢マリー・フォン・ヴェッツェラと、マイヤーリンクにある皇室の狩猟用ロッジで無理心中したことがきっかけだった。

皇帝フランツ・ヨーゼフ1世にはルドルフ以外に男子がおらず、皇位継承権は1889年に、皇帝の弟でフランツ・フェルディナントの父カール・ルートヴィッヒ大公に移ることとなった。しかし、1896年にカール・ルートヴィッヒが腸チフスで薨去（こうきょ）したため、フランツ・フェルディナントが皇位継承権者になった。

身分差を乗り越えて結ばれたオーストリア大公フランツ・フェルディナントとゾフィー・ホテク。

この時、すでにフランツ・フェルディナントはゾフィーとは恋仲だったが、オーストリア宮廷は王族以外との結婚を認めなかった。ゾフィーは貴族ではあったが、王族と結婚できるほど高位の貴族ではなかったからだ。

それでもゾフィーを諦めきれないフランツ・フェルディナントはフランツ・ヨーゼフ1世と激しくやりあった結果、ゾフィーを皇后にしないことと、2人の間に生まれた子供には帝位相続権を認めないということで一応決着。ゾフィーは公式の場では夫の側に座ることは許されず、席次も末席しか与えられなかった。高貴な血筋を表わす「青い血」という言葉があるが、これは王族は国民（赤い血）とは異なる存在という意味だ。「青い血」と「赤い血」は混じり合うことはないのである。

2人の葬儀は合同で行われたが、ゾフィーの棺はフランツ・フェルディナントの棺より低く置かれた。2人は歴代のハプスブルク・ロートリンゲン家の皇帝と帝妃が葬られるカプツィーナ納骨堂には埋葬されず、居城の納骨堂に収められた。身分の差は死後までついてまわったのだ。

ウォリス・シンプソン夫人(ウインザー公爵夫人)

一方でイギリスでは、王族でなくても王妃になれた。そして、王族ではない王妃から生まれた子供も、王位継承権を保持できた。

ただし1772年の王室婚姻令により、国王の許可を得なければ、王族は結婚できなかった。またカトリック教徒になれば王位継承権を失い、さらに離婚歴のある女性は王位継承権者と結婚できなかったのだ(現在は改正)。

にもかかわらず、タブーに挑んだカップルがいる。「王冠をかけた恋」で有名なエドワード8世とウォリス・シンプソン夫人だ。

ウォリスは1896年6月19日にアメリカ・ペンシルベニア州フランクリンで誕生した。結核を患っていた父親ティークル・ウォリス・ウォールフィールドとは生後5か月で死別しているが、父はメリーランド州の名士の一族だったため、ウォリスは裕福な親戚の援助を得て、不自由なく育っている。

最初の結婚は1916年、ウォリスが20歳の時だった。相手は海軍の航空士官で、初代のサンディエゴ基地の隊長を務めたウィンフィールド・スペンサー・ジュニア中尉である。しかし、ウィンフィールドはウォリスに暴力を振るい、酒癖が悪かった。何度か別居を重ねた後、1927年に離婚した。

翌1928年、2度目の夫のウォリスは船舶仲介業者のアーネスト・シンプソンとロンドンで再婚した。2度目の夫の父親はユダヤ系イギリス人で、世界的な船舶仲介会社であるシンプソン、スペンス&ヤングの共同設立者。母はニューヨークの弁護士の娘だった。アーネストとの結婚で、ウォリスは社交界にデビューを果たしている。結婚生活は10年間続き、1937年5月3日に離婚した。

王位をかけた世紀の恋

ウォリスとエドワード王太子との出会いは、ウォリスの二度目の結婚の最中の1931年1月だった。2人を引き合わせたのはエドワード王太子の愛人だったテルマ・ファーネス子爵夫人で、テルマは1933年にニューヨークに出かけた際に、親友のウォリスにエドワード王太子の世話を頼んでいる。ウォリスを信頼したゆえだったが、その間に2人の関係は一気に進んでしまうことになった。

１９３６年1月20日にジョージ5世が亡くなり、エドワードがエドワード8世として即位した。ウォリスは即位式（戴冠式ではない）に立ち会ったが、イギリス王室は外国人で人妻である彼女に冷たかった。

以降、何とか結婚したいと願うエドワード8世とウォリスだったが、王室も政府も、いまだ人妻であるウォリスを受け入れなかった。何より大きな壁は、１７７２年に発令された王室婚姻法だった。同法は王位継承権者が離婚歴のある女性や、カトリック教徒と結婚した場合、そ

イギリスのエドワード8世（ウインザー公爵）は、離婚歴のあるシンプソン夫人と結婚するために王位を投げうった。

の権利を失うと規定していたからだ。

さらには40歳というウォリスの年齢も、反対される原因となっていた。嫡子でなければ王位継承権がないイギリスでは、王妃は世継ぎを産むことを求められた。王室も政府もこぞって反対する中で、マスコミと約束した期限が来てしまった。王室とマスコミは紳士協定を結び、12月1日までは国王の愛人であるウォリスについて報道されなかったのだ。

唯一、アメリカ人を母に持つウインストン・チャーチルだけは「国王にも自由恋愛を認めるべきだ」とエドワード8世の味方をしたが、ボールドウイン首相は国王に退位を迫った。12月10日に退位法が成立し、エドワードは王冠よりウォリスを選んだのだった。

王室から追放同然

その後の彼らが幸福だったのかどうかはわからない。1937年6月3日にフランス・トゥールのカンデ城で行われた結婚式に、イギリス王室から参列する者はおらず、弟のジョージ6世からは絶縁状が届けられた。エドワードは「ウインザー公爵」の称号を与えられたものの、ウォリスには「妃殿下」の称号は与えられず、王室のメンバーとして認められなかった。中でも気が強いことで有名だったメアリー皇太后（エドワード8世の母）は、「自分が生きているうちは、エドワードにイギリスの地を踏ませない」と息巻いていたという。

1947年11月20日にウェストミンスター寺院で行われたエリザベス王女（後のエリザベス2世）の結婚式に、ウインザー公爵夫妻は招待されなかった。弟のジョージ6世の葬列にはウインザー公爵だけが参列したものの、エリザベス2世の戴冠式は欠席した。

1960年5月6日のマーガレット王女の結婚式には、ウインザー公爵がひとりで参加。ウォリスが「ウインザー公爵夫人」としてイギリス王室に認められるようになったのは、1965年になってからだ。

その後、ウォリスとイギリス王室が全面的に和解したかといえば、疑問の余地もある。ウォリスは1986年4月24日に亡くなったが、ウインザー公爵から贈られた莫大な宝石類はサザビーズのオークションにかけられ、売上はフランスのパスツール研究所に寄付された。当初、宝石類はウインザー公爵夫妻と親しかったマーガレット王女に譲られるだろうとの推測もあったが、結局はイギリス王室関係者の手に渡ることはなかったのだ。

ウインザー公爵からの愛の証の品々を、王室に渡してたまるものか——。シンプソン夫人は最後の意地を見せたのかもしれない。

イギリス王室の異端児・メーガン妃

シンプソン夫人と同じく、メーガン・マークルも離婚歴のあるアメリカ人で、しかもヘンリー王子より年上だった。

レイチェル・メーガン・マークルは1981年8月4日、アメリカのロサンゼルスで誕生した。父はオランダ・アイルランド系の元テレビディレクター兼カメラマンのトーマス・マークルで、母はアフリカ系のヨガインストラクターでソーシャルワーカーのドリア・ラグランド。両親はメーガン妃が6歳の時に離婚し、その後は母に引き取られた。

小さい時から自我が強い子供だったようで、11歳で「アメリカ中の女性がフライパンやお鍋の油と格闘しています」というCMのキャッチコピーに違和感を覚え、P&G社や当時ファーストレディだったヒラリー・クリントンらに「〝女性〟ではなくて〝人々〟と言うべきだ」と手紙を書いたことは有名だ。

ノースウエスタン大学卒業後はインターシップ生として在アルゼンチン米国大使館で働いたが、海外勤務職員試験に不合格となり、ショービジネスの世界に入っている。

出世作「スーツ」で人生が変わった

女優として出世するきっかけとなったのは、大ヒットしたドラマの「スーツ」だ。この時、映画プロデューサーのトレバー・エンゲルソンと結婚し、約2年で離婚。結婚生活は短かったが、ニューヨークのローファームを舞台とした「スーツ」にはシーズン7まで出演した。メーガン妃の役は小室さんと同じく弁護士の業務を補佐・調査するパラリーガルで、本名と同じ「レイチェル」だった。

ヘンリー王子との結婚のきっかけは、2人の友人だったミーシャ・ヌヌーとアレクサンダー・ギルクス夫妻（当時）が主催したブラインドデート（素性を明かさずに紹介するお見合いのようなもの）だった。会った瞬間に互いにひとめ惚れしたというが、ヘンリー王子はそうだったとしても、メーガン妃はどうだったのか。

ヘンリー王子の女性遍歴

そもそもヘンリー王子が過去に付き合った女性は数知れない。中でも有名だったのが、2004年から2011年まで付き合ったチェルシー・デイヴィーだ。ジンバブエの大富豪のチャールズ・デイヴィーを父に持つチェルシーは、ウイリアム王子とキャサリン妃の結婚式にも参列した。

カーディガン伯爵の末裔（まつえい）のフローレンス・ブルードネル＝ブルースとも、短期間だが付き合った。フローレンスは第9代アイルズベリー侯爵の娘で、名門のストウ・スクールからブリストル大学に進み、美術を学んだ。

従姉妹のベアトリス王女とユージェニー王女の紹介で知り合ったクレシダ・ボナスとは2012年から2014年までかなり真剣に付き合った。クレシダの母は貴族のカーゾン家の出身で、祖父のエドワード・カーゾン伯爵のゴッドペアレントには、エドワード7世の名前もある。その風貌は若いころのダイアナ妃に似ていなくもない。

しかし彼女たちは、結局はヘンリー王子の元から去っていった。いずれも王室に入るプレッシャーが原因だ。しかも生まれや育ちが王室に近いほど、そのプレッシャーが大きかった。現実の厳しさをよく認識していたのだろう。

セレブリティに憧れて王室に飛び込んだものの

一方でメーガン妃は、イギリス王室に入ることにまったく躊躇（ちゅうちょ）しなかった。ヘンリー王子との交際を周囲に反対されると、メーガン妃は耳を貸すどころか激怒した。もとより王室に入って歴史のある義務を担っていく責任などはまるで感じておらず、ただ華やかなセレブリティの地位に憧れたにすぎない。

自分への批判をすべて「バッシング」ととらえ、ついにはヘンリー王子とともにアメリカに脱出した。王室のメンバーとしての責務を最小限に抑えながら、〝サセックス・ロイヤル〟のブランドを立ち上げてビジネスに勤（いそ）しもうとした。

歴史と王室があるイギリスは、アメリカにとって憧憬の対象だ。しかもヘンリー王子は、あの「ダイアナ妃」の最愛の息子である。ヘンリー王子さえ捕まえておけば、すべてうまくいくと考えたに違いない。実際にヘンリー王子はメーガン妃の言いなりだ。

ヘンリー王子とメーガン妃の挙式は2018年5月19日に行われた。写真：Alexi Lubomiski

女王の決断

しかし、イギリス王室はそれを許さなかった。ヘンリー王子とメーガン妃が上級王族脱退を宣言した年（2019年）のクリスマスに放映されたエリザベス女王の挨拶では、テーブルに置かれた家族写真にはヘンリー王子とメーガン妃、アーチー王子の姿はなかった。ちなみに2018年のクリスマスには、ヘンリー王子とメーガン妃の結婚式の写真が置かれていた。

なおエリザベス女王は、ヘンリー王子とメーガン妃の「上級王族の脱退」について、2020年1月に次のようなメッセージを出している。

何か月にもわたる話し合いと先日行った協議の結果、私たちは私の孫とその家族に関する前向きで協力的な方法を見い出すことができました。このことを嬉しく思っています。

ヘンリーとメーガン、そして（夫妻の長男）アーチーは私たち家族にとって、今後も変わることなく愛する家族の一員です。私は彼らが過去2年間、常に過度の注目を浴び、その結果として多くの問題に直面してきたこと、独立した生活を送りたいと希望していることを理解しています。

私はこの国と英連邦加盟国、その他の国におけるこれまでの彼らの献身的な働きに感謝しています。とくにメーガンがわずかな期間の間に、私たちの家族になってくれたことを嬉しく思っています。

このほど合意に至った結果により、彼らが新たに幸福で平穏な生活を始められるようになることが、私たち家族全員の願いです。

エリザベス女王は「綺麗な決別」を演出した。ヘンリー王子らの「殿下」の称号を剝奪（はくだつ）する一方で、これまでと変わらない祖母と孫との関係を温存する意向を示したのだ。

なぜヘンリー王子はメーガン・マークルを選んだのか

ヘンリー王子は不幸な王子だった。誕生時に女の子が欲しかった父チャールズ王太子から「なんだ男か。しかも赤毛だし」と言われ、これで両親の関係が決裂した。成長すると、その赤毛から「父親は（ダイアナ妃の乗馬のコーチである）ジェームズ・ヒューイットではないか」と疑われた。ダイアナ妃とヒューイットとの出会いは1986年で、ヘンリー王子の誕生は1984年9月15日だから、ヘンリー王子とヒューイットは親子のはずがない。そもそも赤毛はダイアナ妃の実家であるスペンサー家の遺伝で、ダイアナ妃はヘンリー王子を「リトル・スペンサー」と呼んで溺愛（できあい）していた。

そのダイアナ妃が突然の事故で亡くなった時、ヘンリー王子は最も多感な12歳だった。葬列で亡くなった母親の棺の後を歩かされたことは、大きな心の傷を生んだ。その喪失感を癒すために、イートン校時代には喫煙や飲酒を繰り返し、果てにはマリファナにまで手を伸ばした。

王位継承者としてお妃選びに慎重にならざるをえなかったウイリアム王子とは対照的に、ヘンリー王子は母親を探していたのだろう。付き合った女性の多くはブロンドで、その面差しがダイアナ妃に似ていたのがその証拠だ。

だが彼女たちはヘンリー王子の元を去り、残ったのはブルネットで浅黒い肌のメーガン妃だった。ブロンドでラグーン色の眼をしていた母とは印象が違うが、メーガン妃は強かった。確固たる自分の意思を持ち、それを遠慮なく口に出し、自力でどんどん人生を切り開いていく。そのパワーで弱い男性を引き込み、思いのままに振りまわす。

そういうタイプは厳格で保守的なイギリス王室にはなじまない。イギリス王室になじむのは、忍耐強く、口が固く、贅沢を好まないキャサリン妃のようなタイプである。

兄のウイリアム王子は、そんなキャサリン妃との結婚を決めるまでに、9年もの時間をかけている。しかも途中で破局も経験した。

キャサリン妃とメーガン妃は、まるで対照的だった。旧態然としたイギリス王室で自分中心の価値観を通そうとすれば、当然、摩擦は生じる。結婚式の直前にも、メーガンは早々に王室とトラブルを起こした。結婚式で着用するティアラの件だ。

結婚式で着用するティアラ問題

ロイヤルファミリーや貴族の女性は、結婚式ではほとんどティアラを着用する。エリザベス女王は祖母のメアリー皇太后から受け継いだ「ザ・クイーン・メアリーズ・フリンジ・ティアラ」を着用した。長女のアン王女や孫娘のベアトリス王女も、結婚式の際にこのティアラをエリザベス女王から借用している。

ダイアナ妃は実家に伝わる「スペンサー・ティアラ」を着用した。これはスペンサー家に関係する女性のみが着用でき、ダイアナ妃の姉のセーラ・スペンサーや弟の前妻のヴィクトリア・ロックウッドらが結婚式で用いている。

2011年4月29日にウェストミンスター寺院で行われた結婚式でキャサリン妃が着用したのは「ザ・カルティエ・ヘイロウ・スクロール」だ。

このティアラはエリザベス女王の父ジョージ6世がエリザベス・ボーズ＝ライアンと結婚する際に、カルティエに作らせたものだ。エリザベス女王は18歳の時、これを母親から譲渡されている。

キャサリン妃は「ザ・カルティエ・ヘイロウ・スクロール」で挙式に臨んだ。写真：ロイター／アフロ

希望したティアラを拒否され激怒

メーガン妃が結婚式で使用を希望したのは、「ザ・ウラジミール・ティアラ」だった。緑色のエメラルド（当初はドロップ式の真珠）が輝く豪華なティアラは、メーガン妃が着用するシンプルなボートネックの純白のウェディングドレスに映えるはずだった。しかし、エリザベス女王はこのティアラをメーガン妃に貸すことを断った。「イギリスの伝統のあるティアラをつけるべきだ」というのがその理由だ。

だがそれは、本当の理由ではなかったようだ。もし王族が結婚する時に、イギリスの伝統のあるティアラをつけるべきというのなら、マーガレット王女が着用した「ボルティモア・ティアラ」について説明できなくなる。このティアラはマーガレット王女が結婚する際に、エリザベス皇太后が購入したものだった。

一方で「ザ・ウラジミール・ティアラ」は、ロシアのウラジミール大公（皇帝アレクサンドル3世の弟）が妻のために作らせたものだが、ロシア革命で亡命した娘のエレナ・ウラジーミロヴィナからメアリー王妃が購入した。メアリー王妃はロマノフ王家の宝飾品を買い漁ったことで知られ、亡命して困窮しているロシア貴族から半ば強引に入手したこともあったらしい。そうしたことから、亡命貴族の間では「メアリー王妃から宝石を隠せ」とまで言われており、「ザ・ウラジミール・ティアラ」の入手経路も、おそらくは公表できない、何らかの曰くがあるのだろう。

結局、メーガン妃は、1925年にメアリー王妃のためにガラードが制作した「ザ・クイーン・メアリー・バンドウ・ティアラ」を着用した。キャサリン妃が着用した「ザ・カルティエ・ヘイロウ・スクロール」とよく似たカチューシャ型のティアラだ。

だが「ザ・ウラジミール・ティアラ」の由来を知らないヘンリー王子は、気に入ったティアラの着用が許可されないメーガン妃に泣きつかれたため、エリザベス女王と担当者に対して激怒し、ひと騒動になっている。

なお、メーガン妃が当初所望した「ザ・ウラジミール・ティアラ」は、キャサリン妃が着用した「ザ・カルティエ・ヘイロウ・スクロール」よりも背が高かった。メーガン妃は、将来の王妃になる兄嫁より上に行こうとしていたのか。

エリザベス女王の〝お気に入り〟だったメーガン妃

それでもエリザベス女王はメーガン妃に好意的だった。いや、異国からイギリス王室に嫁した孫の嫁を、非常に気遣っていたといってよいだろう。たとえばイギリス王室のお召し列車は、基本的に最上級王族のもので、エリザベス女王、フィリップ王配、チャールズ王太子、カミラ夫人の4人のみが乗車する。

もちろん他のロイヤルファミリーがエリザベス女王の招待で乗車することはある。ウイリアム王子は乗ったことがあるが、ヘンリー王子は一度もない。キャサリン妃は2020年12月にスコットランド、ウェールズ、北部イングランドをウイリアム王子と公務で訪問した際、お召し列車に初めて乗っている。キャサリン妃が王室に入って10年近くが経っていた。

ところがメーガン妃は、結婚後間もない2018年6月、エリザベス女王のチェシャー州への公務に同伴し、お召し列車に乗っているのだ。ヘンリー王子との結婚が同年5月16日だから、それからわずか1か月後のことだ。

そればかりではない。イギリス王室のメンバーは毎年クリスマスには、サンドリンガムにあるセント・メアリー・マグダレン教会に集合することになっているが、２０１７年12月のクリスマスには、まだヘンリー王子のフィアンセだったメーガン妃が招待されている。未来のイギリス王妃になるキャサリン妃でさえ結婚前に受けなかった恩恵を受けたのだ。

翌２０１８年12月のクリスマスには、今度はメーガン妃の母であるドリア・ラグランドがエリザベス女王からサンドリンガム・ハウスに招待された。だが将来の王妃たるキャサリン妃の実家であるミドルトン一家でさえ、そのような招待を受けていない。

こうしたメーガン妃に対する異例なまでの特別扱いの理由は何か。それは様々な人種を包摂する「イギリス連邦」の存在だという。

メーガン妃は「統合」の象徴だったのか

日本では「イギリス連邦」と呼んでいるが、実際には、今では「イギリス（British）」の文字は省かれ、「コモンウェルス」とされている。「コモンウェルス」は大英帝国の旧領土による緩やかな政治連合で、現在では54か国で構成されている。これは、いわばイギリス王室の歴史的遺産といってよいだろう。

エリザベス女王が戴冠式で着用したドレスには、イングランドの薔薇やスコットランドのアザミなど、当時の各加盟国の国花が刺繡されていた。メーガン妃が結婚式で着用したベールにも、53の加盟国（当時。2020年にジンバブエが再加盟する前）の花が刺繡されている。

王族の結婚はともすれば政治色を帯びる。とりわけEUを離脱したイギリスにとって、「コモンウェルス」の意味は小さくない。女王を中心に結束を示すことで、王室

戴冠式のエリザベス女王。ドレスにはコモンウェルス加盟各国の国花が刺繡されていた。写真：Press Association / アフロ

の権威を高めることができる。

こうした「コモンウェルス」の統合の象徴として、白人ではないプリンセスはアピールできる存在といえる。メーガン妃はイギリス王室にとって、政治的にも有効な手段だったのだ。それを誰よりも理解しているのは、エリザベス女王に違いない。

ダイアナ妃の影

だがメーガン妃以上にエリザベス女王が気遣ったのは、ヘンリー王子が、1997年8月31日にパリで自動車事故によって亡くなったダイアナ妃の息子だという点ではないだろうか。

1981年7月29日にチャールズ王太子と結婚したダイアナ妃は、その直前にカミラ夫人の存在を知らされた。結婚を取りやめるには遅すぎたし、20歳になったばかりのダイアナ妃にはなすすべもなかった。

イギリス王室にとって、若くて美しいダイアナは利用価値があった。カミラ夫人以外の女性との結婚を渋るチャールズ王太子を、フィリップ王配が強くたしなめた。

後にダイアナ妃が「3人での生活だった」と語った結婚生活はうまくいくはずもなく、ダイアナ妃は精神不安に陥り、過食症まで患った。

ウイリアム王子、ヘンリー王子と2人の王子を授かったものの、夫婦の関係は完全に破綻。別居期間を経て、1996年8月に離婚した。それまでの過程はチャールズ王太子、ダイアナ妃双方の暴露合戦だったが、イギリス国民の同情はもっぱらダイアナ妃に寄せられた。

そして、パリでの事故死はダイアナ妃を神格化した。もはやダイアナ妃は勉強ができない「シャイ・ダイアナ」

1981年7月29日のチャールズ王太子とダイアナ妃の挙式は、全世界に放映された。写真：Shutterstock / アフロ

でもなく、自由奔放に夫以外の男性との恋に生きた王妃でもない。カミラ夫人と不倫を重ねたチャールズ王太子の犠牲者であり、エイズ患者を抱きしめ、地雷撲滅に自ら行動し、最後にはパパラッチの犠牲となった「心のプリンセス」として記憶されている。

そのダイアナ妃の死に際し、当初のイギリス王室は「離婚してウインザー家を去って民間人になった人間」として冷淡だった。

訃報が伝わった時、エリザベス女王やチャールズ王太子、そしてウイリアム王子とヘンリー王子はスコットランドのバルモラル城に滞在していたが、ロイヤルメンバーはすぐにバッキンガム宮殿に戻らず、弔意を示す半旗も葬儀当日まで掲げられなかった。エリザベス女王は葬儀の前夜まで公式声明すら出さなかった。

王室を変えた国民の声

王室のその仕打ちは国民の不興を大いに買った。事態の深刻さを憂慮したトニー・ブレア首相（当時）は、女王に進言した。その結果、エリザベス女王はロンドンに戻り、バッキンガム宮殿に半旗が掲げられた。ロイヤルファミリーは宮殿の前に集まった国民から弔意を受け、そのひとりからエリザベス女王は花束を受け取った。

それ以降のイギリス王室は変化を見せた。国民により身近な存在となるべく、女王の外遊の際にも、訪問先では多様性に配慮するようになった。国民の支持なくして王室は存続しえないことに気付いたのだ。君主は国民を守るだけではなく、国民からも守られる存在になったといえる。

エリザベス女王が特に懸念したのは、ダイアナ妃の2人の息子だった。長男のウイリアム王子を王位継承者として育てなければならず、まだ子供だった次男のヘンリー王子については、母親代わりを買って出なくてはならなかった。

エリザベス女王はウイリアム王子には非常に厳しく、そしてヘンリー王子には底抜けに甘かったに違いない。そうすることがイギリス王室の存続に寄与するからだ。

ヘンリー王子に眞子内親王を見る

だがそれはヘンリー王子に、男性としての成長をもたらさなかったのではなかったか。メーガン妃にめぐり会うまでのヘンリー王子は、まるで結婚に憧れる女の子のようだった。同時に、母親を求める子供でもあった。

次々と付き合う相手を変え、プロポーズしてはふられていた。おそらくヘンリー王子のプロポーズを受け入れたのは、メーガン妃だけだったのだろう。だからすっかり参ってしまったに違いない。

この点において、眞子内親王との共通点が見えてくる。おそらくは眞子内親王の周辺の男性は、内親王を妻にすることを考えるのは恐れ多いと思っていた人が多かったのではなかったか。その中でただ小室さんだけが、眞子内親王を女性として扱い、プロポーズしたのではないだろうか。高いハードルを乗り越えてやってくる王子様に、感動しない女性はいない。

眞子内親王が小室さんからプロポーズされたのは2013年12月で、交換留学生の説明会で出会ってから2年も経っていない。そしてその場でプロポーズを受け入れている。まだ22歳だった2人は、自分たちだけの世界しか見えていなかったのではないだろうか。

これは守谷さんからのプロポーズに留保期間をとった高円宮絢子（たかまどのみやあやこ）女王と異なる点だ。当時の絢子女王は27歳で、母親の久子（ひさこ）妃は結婚を前提に2人を引き合わせたはずだ。それは絢子女王も理解しており、初めて会って数か月しか経っていなかったが、プロポーズは予想できていたはずだった。

すなわち、ヘンリー王子や眞子内親王には主観的な選択しか存在しておらず、絢子女王には状況を客観視する余裕があったということだ。突き進むことは悪いことではないが、自分の立場を省みずにやみくもに突き進んでは、周囲が困惑するばかりになる。

もっともヘンリー王子の王位継承順位は、チャールズ王太子、ウイリアム王子、ジョージ王子、シャーロット王女、ルイ王子に次いで6番目で、その行状が王位に影響することはほとんどない。

しかも、叔父のアンドリュー王子とその娘たち（ベアトリス王女とユージェニー王女）エドワード王子とその子供たち（ジェームズとルイーズ）、アン王女とその子供や孫たち（ピーター、サバンナ、アイラ、ザラ、ミア、レイナ）などがその後に控えており、王位継承順位は外国の王室メンバーまで及んでいる、

このように王位継承権者について余裕のあるイギリス王室では、ヘンリー王子が無茶をしてもその存続に影響が及ぶことはない。しかし眞子内親王の場合は違うのだ。日本の皇族の数は減少の一途で、このままでは数十年後に皇位継承権者がいなくなる可能性すらあるのだ。眞子内親王は単なる皇族ではなく、次代の天皇の娘であり、次々代の天皇の長姉として皇統を守る責務がある。その義務を果たさないまま美味しいところ取りをしては、国民の支持は得られまい。

マーガレット王女の悲恋に重なる眞子内親王の恋

小室さんとの結婚に悩む眞子内親王の現状は、あるプリンセスに共通する。後にジョージ6世になるヨーク公・アルバートとエリザベス妃の次女として1930年8月

21日に誕生したマーガレット王女だ。

後にエリザベス2世として即位する姉のエリザベスより4歳年下で背も小柄なマーガレット王女は、美貌とファッションセンスは抜きん出ていて、映画「ローマの休日」でオードリー・ヘップバーンが演じたアン王女のモデルとなったといわれている。

なお、マーガレット王女はローリング・ストーンズのリードボーカリストのミック・ジャガーなどと次々と浮名を流し、「恋多き王女」としても知られている。

タウンゼント大佐との悲恋

マーガレット王女が16歳上のピーター・W・タウンゼント大佐と初めて会ったのはまだ14歳の時で、ひとめで恋に落ちたといわれている。

しかし、当時のタウンゼント大佐は１９４１年に結婚したローズマリー・ポウルという妻がいて、１９４２年にギルス、１９４５年にヒューゴという息子が生まれていた。マーガレット王女の父のジョージ6世にはヒューゴの名付け親になってもらってもいる。

タウンゼント大佐は仕事のために家を留守にすることが多かった。そのためローズマリーは貴族や名士の肖像画家として有名なフィリップ・ラースローの末息子のジョンと不倫関係に陥り、それを理由に2人は1952年に離婚。同じ年にジョージ6世が崩御している。

マーガレット王女とタウンゼント大佐の関係が明らかにされたのは、1953年に行われたエリザベス女王の戴冠式だった。ウエストミンスター寺院の外で待っている間に、マーガレット王女はタウンゼント大佐の制服に付いた毛羽だった部分をはらったのだが、そのしぐさが話題になり、世界中に報道された。

当時のイギリスでは、離婚は上流階級には受け入れられず、母親のエリザベス皇太

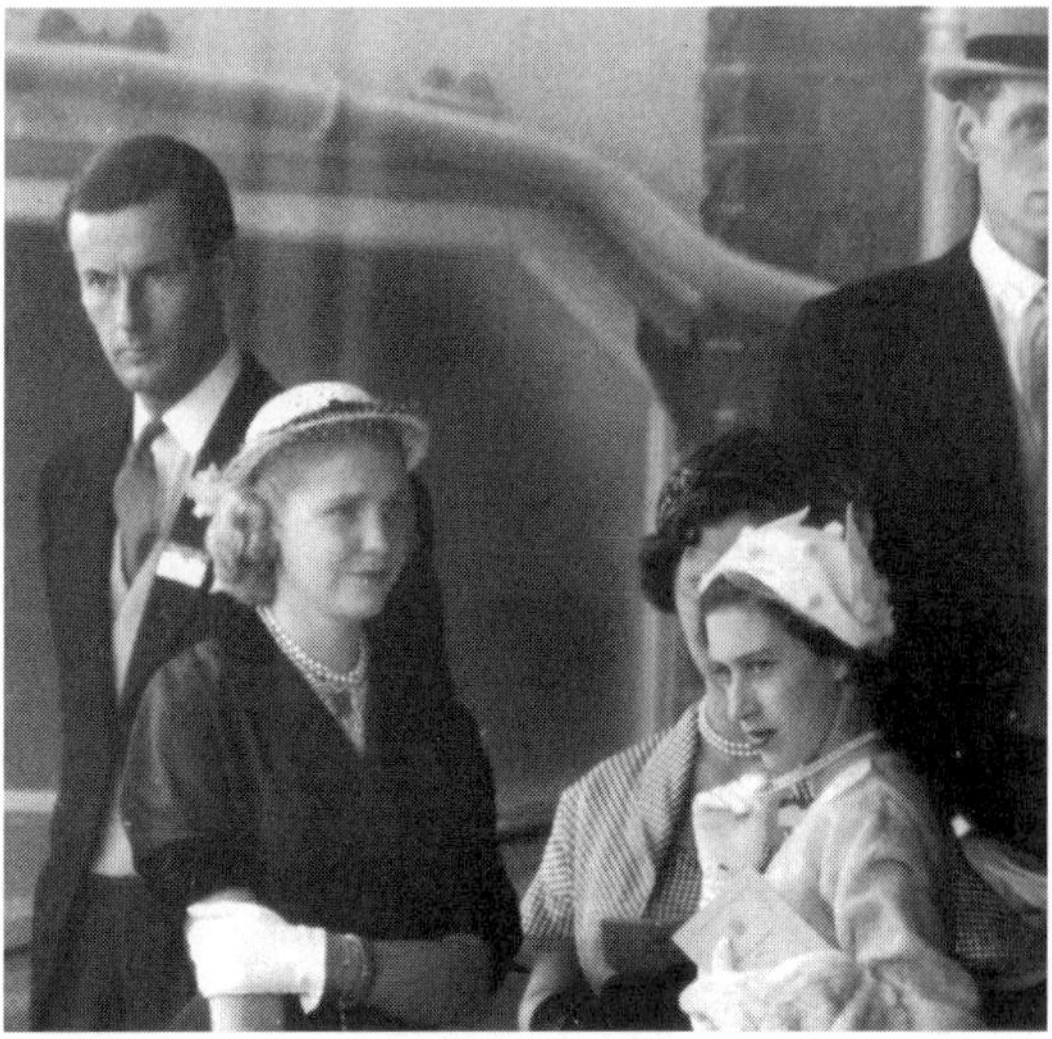

悲恋に終わったタウンゼント大佐（左手奥）とマーガレット王女（右手前）。写真：AP / アフロ

后は、マーガレット王女とタウンゼント大佐との結婚に猛烈に反対した。エリザベス女王は内心では妹を応援してやりたかったが、イギリス国教会の首長として、離婚歴のある男性との結婚に同意するのは難しかった。イギリス国教会はもちろん結婚に反対し、内閣も結婚の承諾を拒否した。

タウンゼント大佐はベルギー大使館に左遷されたため、マーガレット王女と2年間会うことはなかった。これは、イギリス王室では25歳未満で結婚するには君主の許可が必要であるため、その許可が不要になるまで2人を離しておこうというチャーチルの提案だった。

2人が再会したのは1955年で、それは別れを告げるためだった。マーガレット王女は、もしタウンゼント大佐と結婚すれば、王位継承権や年金受給権など王族としてのすべての特権を失うと通告されていた。この時、マーガレット王女は国民に対して次のメッセージを出している。

私が王室相続権を放棄すれば、民事婚で結婚できることは知っています。しかしキリスト教徒としての結婚は永遠であるという教会の教えを心に留め、また我が国に対する私の義務を自覚し、これを何よりも優先することを決意しました。

マーガレット王女は恋より王室のメンバーであることを選択したのだ。その後、タウンゼント大佐はベルギー滞在中に知り合ったマリー＝ルーズ・ジャマーニュと結婚。1959年に彼女と結婚したことをマーガレット王女に知らせている。

マーガレット王女が写真家のアンソニー・アームストロング＝ジョーンズ（スノードン伯爵）と結婚したのはその翌年の1960年で、2人の間にはデビッドとサラが生まれたが、1978年に離婚した。

実はアンソニーは無名のカメラマンにすぎず、王室は彼の身辺調査をした結果、かなりの懸念を抱いていたが、2度も結婚を邪魔されたくなかったマーガレット王女の決意は固かったのだ。しかし、アンソニーは女性関係が派手で、同性愛疑惑や薬物疑惑まであった。マーガレット王女との離婚後わずか5か月後に再婚し、子供をもうけるものの、女性関係は大いに乱れていたという。

マーガレット王女は悲劇の王女なのか

もしタウンゼント大佐と結婚していたら、マーガレット王女は幸せだったのだろうか。もちろんそうであれば、王室の名声を利用しただけで不義理の限りを尽くしたスノードン伯爵と結婚することはなかっただろう。だからといって、タウンゼント大佐がマーガレット王女を幸せにすることができたのかといえば、これも疑問だ。

王室で生まれた者は王室でしか生きられないというのが当時の常識だった。生まれながらの王女が、一般市民の生活に耐えられたはずがない。

同じことは眞子内親王にも当てはまるのではないか。小室さんがアメリカの弁護士資格を得てローファームに就職できても、これまでと同じ生活を維持できるかどうかはわからない。そもそも家風の違いについてはどのように克服するのか。各週刊誌が報じるところでは、母親の佳代さんの交友関係はかなり怪しい。もしそれらが本当なら、皇室の中で守られて育った内親王が、それに耐えることができるのか。

波乱万丈の半生を送ったマーガレット王女を、夫であるチャールズ王太子との関係に悩んだダイアナ妃はとても頼りにしていたといわれている。

しかし、ダイアナ妃が離婚に際してメディアに夫婦生活の実態について暴露すると、マーガレット王女は最も厳しくダイアナ妃を批判したのだ。

マーガレット王女は王室に生まれた自分の宿命を知っていたし、国民の期待に応えて自分がなすべきことも知っていた。彼女を「タウンゼント大佐との叶わぬ恋を終生求めた悲劇の王女」などと安易に位置付けるのは、誇り高いマーガレット王女の人生に対する冒瀆（ぼうとく）といえるだろう。

そして１９９７年にパリで客死したダイアナ妃の棺がバッキンガム宮殿の前を通った時、見送りに出ていたエリザベス女王以下王室メンバー一同が頭を下げて敬意を示したが、マーガレット王女だけはまっすぐに頭を起こし、前面を見つめていたという。まさしく国民に媚（こ）びない誇り高い王女の姿に違いない。

マーガレット王女は２００２年２月９日に薨去（こうきょ）。その後を追うように、母であるエリザベス皇太后が１０１歳の天寿をまっとうした。

スウェーデン王室の〝逆玉〟成功例

スウェーデンのヴィクトリア王太子がダニエル殿下と出会ったのは、２００２年。王太子であるという重責から拒食症にかかったヴィクトリア王太子の個人トレーナーを、ダニエルが担当したのだった。

スウェーデンは世界に先駆けて、１９７９年に性別に関係なく国王の第一子を王位相続人とすることを決定。これにより、１９７９年生まれのカール・フィリップ王子から、１９７７年生まれのヴィクトリア王太子に王位継承権が移ったのだ。

ダニエルはただのトレーナーではなく、トレーニングジムを３つ経営するやり手実業家だった。しかしながら、父は公務員、母は郵便局員という家庭に育ち、成績が芳しくなく、体育大学を卒業して兵役に従事するなど〝普通すぎる経歴〟によって「王家に相応しくない」とのレッテルを貼られた。

スウェーデンのメディアはダニエルに「カエルの王子様」とか「バーベキューの串」などといった渾名を付けた。カール16世グスタフ国王もこの結婚には大反対で、ヴィクトリア王太子はしばらく父親と口を利かなかったこともあった。

しかし、ダニエルが民間人であるということだけでは、グスタフ国王は結婚に反対できなかった。グスタフ国王自身、シルヴィア王妃を民間から迎えていたからだ。

王妃であるシルヴィア・レナーテ・ゾマラートはドイツの出身で、1972年のミュンヘン・オリンピックでコンパニオンを務め、グスタフ国王のアテンドを担当。この時、2人は恋に落ちた。

結婚に際してはシルヴィア王妃がグスタフ国王より2歳上であることや、父のヴァルターが戦時中にナチス党員だったことが問題になったが、こうした問題を4年間かけて克服。この時にスウェーデン政府が参考にしたのが、民間から皇室に入った正田美智子さん（現・上皇后陛下）のケースだったという。

ダニエルにはシルヴィア王妃の2倍の8年という時間をかけて、語学や歴史、マナーなど、将来の女王の配偶者として必要な素養を叩き込む「改造計画」が実施された。

そして5年を経過した時、ようやく国王が折れたのだ。ダニエルを王室に迎え入れることに納得したのである。

２００９年2月に婚約が発表され、腎臓に先天的な疾患を抱えていたダニエルは、この年の5月に父親から腎臓移植を受けた。

結婚式は２０１０年6月19日に行われ、国民の祝福を受けた。２０１２年にエステル王女、２０１６年にオスカル王子が誕生し、今ではすっかりダニエル殿下も王室になじんでいる。

スウェーデンのヴィクトリア王太子は、8年越しでダニエル殿下と結ばれた。

タトゥーや臍（へそ）ピアスを入れた妃

そのヴィクトリア王太子と途中で王位継承権の順位が変わった弟のカール・フィリップ王子は、２０１５年にソフィア・ヘルクヴィストと結婚した。

カール・フィリップ王子がモデルでタレントのソフィアと会ったのは、10年間付き合っていたエマ・ペルナルドと別れた翌年、２０１０年のことで、バスタッドのクラブ「ペペ・ボデガ」で出会って互いにひとめぼれし、すぐに交際宣言をした。

翌２０１１年から2人は一緒に住むようになったが、結婚まで4年かかっている。ソフィアがセクシーグラビアのモデルやスキャンダラスな演出が売りのリアリティ番組に出演などしていたことが発覚したためだ。

これらはアメリカ留学の資金を作るためだとされたが、背中や脇や腕にタトゥーを入れ、臍ピアスをしていることも報じられたため、メディアのバッシングを受け、国民からの風当たりも強かった。

カール・フィリップ王子とバカンスを楽しんでいる時に撮影された写真には、脇腹に蝶をモチーフとしたタトゥーが見えた。これらは結婚を機に消されたとも報道されたが、２０１５年の結婚式では、ウエディング姿のソフィア妃の背中には、くっきりと「光」の漢字を組み込んだタトゥーが確認できた。

なおソフィア妃は以前から南アフリカの子供たちを助ける「Project Playground（プロジェクト プレイグラウンド）」というＮＰＯを立ち上げるなど、チャリティー活動を活発に行っている。カール・フィリップ王子もこれに賛同して、名誉ボードメンバーに就任。スウェーデン王室もこれを応援し、ソフィア妃のイメージアップに余念がない。

ノルウェイ王太子妃・メッテ＝マリット妃

このように北欧の王室は結婚についてかなり寛容だといえるが、もっとも凄まじい経歴を持つのがノルウェイのメッテ＝マリット王太子妃だろう。

11歳の時に両親の離婚を経験し、母親に引き取られて成長する。高校時代から生活が荒れ始め、よくない交遊関係に入り浸った。１９９７年には長男のマリウスを出産するも、その父親は薬物使用で逮捕。メッテ＝マリット妃自身にも薬物疑惑の噂があった。

しかし、一念発起してオスロ大学に進学し、ホーコン王太子とロックフェスティバルで出会い、同棲。薬物疑惑のあるシングルマザーに、さすがのノルウェイ国民も厳しい目を向けた。

最も反対したのは、ホーコン王太子の母であるソニア王妃だった。デパート経営者の娘として生まれたソニア王妃はノルウェイ王室初の民間から迎えた王妃で、スウェーデン王室と同様に正田美智子さんを迎えた日本の皇室を参考にしたという。しかし、1968年の結婚まで、実に9年もかかっている。

前夫との子マリウスを抱いて歓声に応えるメッテ＝マリット妃と、ホーコン王太子。写真：AP／アフロ

ホーコン王太子とメッテ＝マリット妃の結婚は、メッテ＝マリット妃が国民の前で自分の過去について、涙を流しながら説明することで国民の賛同を得た。また結婚後に、貧困層に対して収入向上や生活改善のための事業資金として、小額の信用貸しをするマイクロクレジット事業を始めたことも、支持を集めたきっかけになっている。

しかし、ノルウェイでは、王室廃止論が高まる時がある。ノルウェイ国王の財産は非課税で、国民の年間負担額は７０００万ドル以上（約74億円）にも上る。王室に税金が使われることについては、批判もかなり大きい。

さらに最近、ホーコン王太子夫妻に不名誉な交友疑惑が持ち上がった。児童買春で有罪となり、勾留中に死亡したジェフリー・エプスタインと親交があったというのだ。未成年の人身売買についても疑惑が囁かれたエプスタインは、クリントン元大統領など世界のセレブリティと交遊があった。イギリスのアンドリュー王子はエプスタインと親しかったことで批判を受け、公務から一時退いている。

ノルウェイ王室は過去の交遊関係については認めたものの、最近ではホーコン王太子夫妻とエプスタインとの関係は断絶しており、犯罪とは無関係であることを説明している。

国民の理解を得るのが鍵だ

以上見てきたように、日本よりもおおらかな外国でさえ、王室のメンバーの自由な結婚は難しい。何よりも重視されるのは、伝統よりも国民の支持だ。スウェーデンのダニエル殿下が国民に受け入れられたのは、王室メンバーとして相応しいように自己改造に励んだことが認められたためである。同国のソフィア妃もノルウェイのメッテ＝マリット皇太子妃も、時間をかけて国民の理解を得るように努力してきた。

一方で、眞子内親王と婚約が内定している小室さんはどうだろうか。アメリカに留学中でも、国民への説明の機会はいくらでもある。それを怠っているのは、小室さんに国民への説明の意思がない、あるいは小室家に説明できない理由があると思われても仕方ない。

もし小室さんが眞子内親王との結婚を進めようと思うのなら、いつまでも眞子内親王に負担をかけ、その陰に隠れているわけにはいかない。国民の祝福なくして皇族の結婚はありえない。それが世界の常識である。

第五章

「皇女制度」の創設と皇統の存続

動き出した「皇女制度」とは

今上陛下まで第126代続いている天皇家は、代々男系でつながってきた（とされる）。しかしながら現在の皇室は、上皇陛下、今上陛下を除けば、男性皇族は秋篠宮文仁（ふみひと）親王、悠仁（ひさひと）親王、常陸宮正仁（ひたちのみやまさひと）親王の3人しかおられない。このままでは実質的に後世の皇室を担うのは、悠仁親王ただひとりということになってしまい、ついには皇統が途絶えてしまうことも考えられる。

こうした皇族の減少に対して、政府は女性皇族が結婚した後に「皇女」の称号を贈り、公務への協力を委託する制度を検討している。結婚して皇籍を離れた元女性皇族に公務を担ってもらうことで、皇族の負担を減らすことが目的だ。

なお、安定的な皇位継承については2017年6月9日に成立した「天皇の退位等に関する皇室典範特例法」の付帯決議で、次のように規定されている。

一、政府は、安定的な皇位継承を確保するための諸課題、**女性宮家の創設**等について、皇族方の御年齢からしても先延ばしすることはできない重要な課題であることに鑑（かんが）み、本法施行後速やかに、皇族方の御事情等を踏まえ、全体として整合性が取れるよう検討を行い、その結果を、速やかに国会に報告すること。

二、一の報告を受けた場合においては、国会は、安定的な皇位継承を確保するための方策について、「立法府の総意」が取りまとめられるよう検討を行うものとすること。

三、政府は、本法施行に伴い元号を改める場合においては、改元に伴って国民生活に支障が生ずることがないようにするとともに、本法施行に関連するその他の各般の措置の実施に当たっては、広く国民の理解が得られるものとなるよう、万全の配慮を行うこと。

このうち、「女性宮家の創設」は女系天皇の議論に結びつくため、右派から激しく反対されることは必至だが、それをうまく避けようと考案されたのが「皇女制度」ということになる。

「皇女制度」提唱の経緯

これについて小泉政権時の2004年に結成された「皇室典範に関する有識者会議」は、2005年11月24日に報告書を提出し、「皇位の安定的な継承を継続するためには、女性天皇・女系天皇への途(みち)を開くことが不可欠」との結論を出した。

さらに民主党の野田政権時の2012年には、「女性皇族に婚姻後も身分を保持いただく方策」として、女性宮家の創設のためには皇室典範第12条（皇族女子は、天皇及び皇族以外の者と婚姻した時は、皇族の身分を離れる）の改正が必要であることや、女性皇族を当主とする宮家の設立を可能とすることも選択肢としてありうることを示した。そして女性宮家を例外的措置とするために対象を内親王に限定し、長女が宮家を継承するとしたのだ。

このような女性宮家を創設しようという動きをひとまず止めようとするのが「皇女制度」である。ただし、女性宮家は皇統の継承に関する議論だが、「皇女制度」はいったん皇室を離れた元女性皇族を対象としており、彼女たちがすでに一般人になっている以上、公務は担うが皇統の継承には関与しないとされる。

よって国会でも否定的な意見が目立っている。国民民主党の玉木雄一郎代表は2020年11月26日の会見で、「問題がある。皇位の安定継承に直接寄与しない」と「皇女制度」を斬り捨てた。立憲民主党の枝野幸男代表も11月30日の会見で、「喫緊に検討すべき皇統維持に向けた対応策に当たらない」との認識を示し、日本維新の会の片山虎之助共同代表も12月4日の会見で、「やや思いつきのような感じがする」と懐疑的だ。

だが与党はやる気満々だ。公明党の山口那津男代表は「政府には、国民や有識者の意見を聞くとともに、皇室制度の現状などについて議論を深め、合意形成に努力してもらいたい」と前向きの姿勢を示し、自民党の二階俊博幹事長は「国民のひとりとして好意的に見守っていきたい」と賛意を表わした。

憲法上の問題がある？

そもそも「皇女制度」は、女性宮家の創設に対して男系派から強い反対があるため、その批判をかわす意図で提唱されたものだ。しかし、結婚して皇室を離脱し一般人となった元内親王が就任することで、様々な問題も出てくる。まずは憲法の規定に抵触する危険性だ。

たとえば日本国憲法第14条だ。同条は「すべて国民は、法の下に平等であつて、人種、信条、性別、社会的身分又は門地により、政治的、経済的又は社会的関係において、差別されない」と規定するが、皇族として生まれた女性のみが就任する「皇女制度」は、「社会的身分または門地」による差別に当たる可能性が高い。

報道によると「皇女」の身分は、国家公務員の特別職のようなものとして想定されているとのことだが、それならば報酬はおそらくボーナスも含めて年間600万円以上で、年齢とともに昇給することになる。「皇女」には任期がなく終身のものとされるため、生涯収入としてかなりのものになるはずだ。

さらに「皇女」を終身公務員とするならば、憲法第15条の「公務員を選定し、及びこれを罷免(ひめん)することは、国民固有の権利である」に抵触する危険性がある。あるいは結婚によって皇籍離脱しようとする内親王が、憲法第13条の幸福追求権や第22条が規定する職業選択の自由を根拠として「皇女就任」を拒否できるのかという問題も出てくる。もしこれらが許されるなら、内親王の全員が「皇女就任」を拒否したらどうなるのか。

このように、結婚とともに皇籍離脱して一般人になりながら、待遇が皇族並みとする「皇女制度」は、様々な矛盾が生じてくるのだ。

皇女ビジネスも可能?

もっとも危険なことは、「皇女ビジネス」なるものが生まれかねないことだ。それが悪用されれば、皇室を揺るがすスキャンダルにもなりかねない。これについて、もっともありえそうなのが金銭問題だ。

皇族がセレモニーなどに出席すれば謝礼が支払われることがあるが、特別職公務員である「皇女」も、そういう場合には謝礼を受け取ることは可能だろう。

皇族の場合、皇室経済法の縛りがあるが、1995年に「宮杯競輪・競艇謝礼問題」が起こったことがある（高松宮家と三笠宮家が、皇室経済法で上限とされる年160万円以上の謝礼を、競輪・競艇を主催する自治体から長年に渡って受け取っていたことが判明。宮家が全額返還した）。特に一般人である「皇女」が宮内庁を経ずにそれらの「業務」を個人的に請け負った場合、トラブルが発生したら誰が責任をとるべきなのか。またこのような「皇女」の地位を、その配偶者など皇族ではない家族が利用した場合はどうなるのか。

「皇女」やその家族の怪しい交友関係を、どのようにコントロールすべきなのかは悩ましい課題だ。実際に皇族の家族の問題についての報道もある。

「週刊新潮」2019年6月6日号は、秋篠宮紀子妃の父・川嶋辰彦学習院大学名誉教授の〝いわく付き交友関係〟を報じた。川嶋教授が懇意にしている新潟県上越市のパチンコ業者は、政治資金規正法違反容疑で東京地検特捜部の取り調べを受けたり、自身が所属する在日大韓民国民団・上越支部の総会で、口論した役員に暴行を働き、全治2週間の怪我をさせたなど、いくつものトラブルがあるとしている。

また、紀子妃の弟の舟(しゅう)さんは、講演会でしばしば「秋篠宮紀子妃殿下弟」の肩書を使用し、障碍者(しょうがいしゃ)の社会参加事業を支援するNPOの会長として資金集めの広告塔にされていたこともあったと、「女性セブン」2019年2月14日号は報じている。

このような例を見る限り、皇室を利用しようとする人たちにとって「皇女」が格好のターゲットになりかねないという危惧は捨てきれない。

眞子内親王のための制度なのか

この「皇女制度」について政府が検討を始めたと報道されたのは2020年秋のことだ。まさに眞子内親王と小室圭さんとの結婚問題がこじれていた最中のことである。結婚問題のこじれの発端は佳代さんの借金問題だが、とりもなおさず小室家の経済問題につながっていく。もし眞子内親王が「皇女」になれば、こうした2人の結婚を阻む問題の多くは解決するだろう。

そもそも「皇女」とは天皇の娘という意味であり、今上陛下の長女である敬宮(としのみや)愛子内親王はこれに該当しても、現在の眞子内親王は該当しない。もっとも、父である秋篠宮文仁親王が天皇に即位すれば、眞子内親王も佳子内親王も「皇女」となる。

では、眞子内親王は、「皇女制度」の第1号となるのだろうか。

眞子内親王の「皇女就任」については、結婚して皇族を離れる時に支給される1億4000万円の一時金とともに、国民の間では反対する意見が多い。「皇女制度」が〝小室家の経済を助ける制度〟として捉えられているのだ。

実際に小室さんはフォーダム大学ロースクールに入学する時、「プリンセスのフィアンセ」の立場を利用した。さらに、婚約内定者である小室さんは訪米するまでSPが付いたが、母親の佳代さんにも外出時にはSPが付けられていた。だが黒田慶樹さんの母・壽美子さんや千家国麿さんの父である尊祐さん、守谷慧さんの父の治さんたちには、婚約時代にSPが付けられたという話は聞いていない。この特別扱いは何なのか。〝事実上の女性宮家の誕生〟なのか。

さらに興味深いことが起こっている。眞子内親王は2021年1月7日の昭和天皇祭りの儀で、「皇族の代表」として武蔵陵墓地で営まれた「山陵に奉幣の儀」にひとりで臨んだと報道された。この公務を眞子内親王がひとりで行うのは初めてのことだ。

ちなみに2020年の「山稜に奉幣の儀」では、眞子内親王はひとりではなく佳子内親王と2人で臨んだ。また2019年以前は文仁親王と紀子妃が参加していた。

果たしてこれは、眞子内親王を「皇女」にする布石なのだろうか。水面下で小室さんとの結婚が進められているのだろうか。もし、ひとりの内親王の個人的な都合によって税金をともなう制度が作られるのなら、これは「皇族特権」以外の何ものでもない。

事実上の「皇女制度」は存在する

女性皇族が結婚して皇籍から離脱すれば、公務を行うことはできないのだろうか。

実際には、上皇陛下の長女である黒田清子（さやこ）さんが伊勢神宮の祭主に就任しており、「皇女制度」がなくても、元女性皇族が伝統的な重要な公務に就いているという事実がある。黒田さんの前には伯母の池田厚子さん、池田さんの姉の鷹司和子さん、そして明治天皇の第7皇女の北白川房子さんも祭主を務めてきた。

また、島津貴子さんは1970年に大阪万博が開かれた際、日本民間放送連盟が制作した「さよなら日本万国博」という番組で閉会式式典特別ゲストを務めたこともある。「皇女制度」がなくても、元女性皇族は社会で活躍しているのだ。

プリンセス・ロイヤルとは

こうした元女性皇族の活躍は、イギリスの「プリンセス・ロイヤル」を連想させる。もともとはフランスの制度だったが、17世紀にイギリスに導入され、国王の長女が指名されることになった。なお、この称号を使用するのはひとりだけで、いったん取得すると生涯名乗ることになるため、国王の長女に生まれたからといって、かならず「プリンセス・ロイヤル」になるわけではない。

たとえば1936年、エリザベス女王が10歳の時に父のジョージ6世が即位したが、すでに叔母のメアリー王女が「プリンセス・ロイヤル」を名乗っていたため、その称号を受けなかった。またアン王女も、メアリー王女が1965年に亡くなるまで、「プリンセス・ロイヤル」の称号を得る可能性はなかった。そして母であるエリザベス女王からその称号を授かったのは、1987年のことだった。

同様にウイリアム王子が即位しても、アン王女が存命の限りは、シャーロット王女が「プリンセス・ロイヤル」の称号を授かることは不可能で、もしアン王女が死去した後でも、国王となったウイリアム王子が称号を与えなければ、シャーロット王女は「プリンセス・ロイヤル」を名乗ることはできない。

上級王族の一員

では「プリンセス・ロイヤル」とはどのような立場なのか。それを象徴的に物語っているのが、2020年のクリスマスシーズンに、ウィンザー城の中庭に、上級の王室メンバーが揃った写真だ。

そこにはエリザベス女王を中心に、王位継承第1位のチャールズ皇太子とカミラ夫人、王位継承権第2位のウイリアム王子とキャサリン妃、王位継承第11位でエリザベス女王の末息子であるエドワード王子（ウェセックス伯爵）とソフィー妃、そして王位継承第14位で「プリンセス・ロイヤル」であるアン王女が写っている（いずれの順位も2021年2月現在）。「シニアロイヤル」を辞したヘンリー王子とメーガン妃や、未成年淫行(いんこう)のエプスタイン事件に関係したとの疑惑のあるアンドリュー王子（ヨーク公爵）の姿はなかった。

ソーシャルディスタンスをとって並ぶ上級王族の姿は、これからの公務はこのメンバーで行っていく（すなわち、ヘンリー王子もメーガン妃も、そしてアンドリュー王子もいらない）という強い決意すら伝わってくる。その中に位置する「プリンセス・ロイヤル」とは、生涯において王室の主要メンバーであり、その責務を背負っているといえるのだ。

多忙を極めるアン王女

実際にアン王女の公務は多忙を極める。１９７６年のモントリオール・オリンピックに総合馬術チームとして出場したことがあるアン王女は、国際オリンピック委員会委員として、２０１２年のロンドン大会の誘致に尽力した。イギリス・オリンピック委員会の総裁など３２０以上の団体のパトロンになっており、「英国セーブ・ザ・チルドレン」の代表として、ポリオ撲滅にも積極的に取り組んでいる。１９８６年には当時の美智子皇太子妃に日本組織の設立を提唱。「セーブ・ザ・チルドレン・ジャパン」の道を開いたこともあった。

アン王女が年間にこなす公務の数は600件を超えている。これは王位継承第1位のチャールズ王太子とほぼ同数で、時にはイギリス王室一多忙なシニアロイヤルにもなる。

公務に勤しむ原動力となっているのはノブレス・オブリージュ（身分の高い者が国や社会に果たすべき責任や義務）で、王族に生まれた以上は徹底的に叩き込まれる。これが王室をセレブリティと考えていたメーガン妃がなじめなかった原因のひとつであり、これを理解しない限りは、王室に戻ることはないだろう。

なおイギリスには「結婚前の『プリンセス・ロイヤル』と一夜を共にした男性は、大逆罪に問われて処刑される」というルールがあるらしい。歴史上も「プリンセス・ロイヤル」の立場は、それほど重んじられてきたわけだ。

果たして日本の「皇女制度」に、そのような意義を盛り込めるのだろうか。イギリスの「プリンセス・ロイヤル」はノブレス・オブリージュの発露であり、生活の保障などではない。皇統の継続に貢献せず、皇族を離れる際、生涯品位を保つための費用として1億4000万円ほどを受け取るというのに、さらに生活を保障する制度が必要なのだろうか。

女性宮家創立か、旧皇族の皇籍復帰か

「皇女制度」は皇統の継続には何ら役に立つものではなく、ただ公務を担うだけのメンバーであるということはすでに述べた。よって皇統の継続は、「女性宮家の設立」か「旧皇族の皇籍復帰」という2つの方法しかないことになる。

だが、女性宮家は現在の天皇のレゾンデートル（存在理由）のひとつと見なされる「男系」の断絶となることが懸念されるし、旧皇族の皇籍復帰にも様々な問題が生じてくる。

皇籍離脱は旧皇族の意思だったのか

なぜ皇族がこれほど減少してしまったのか。その原因は1947年10月14日の皇籍

離脱だ。11宮家51人が皇籍を離脱し、皇室は内廷皇族（独立した宮家を持たない皇族）と、昭和天皇の3人の弟宮による秩父、高松、三笠の3直宮家に限定された。

その前日、皇室会議が開かれ、片山哲議長（当時の内閣総理大臣）は次のように説明している。

今次戦争が終結しました直後より、皇族のうちから、終戦後の国内国外の情勢に鑑み、皇籍を離脱し、一国民として国家の再建に努めたいという御意思を表明せられる向があり、宮内省におきましても、事情やむを得ないところとして、その御意思の実現をはかることとなり……

しかし旧皇族がその意思によって皇籍を離れたというのは事実ではない。皇籍を離脱すれば、皇族としての免税特権など多くのものを失ってしまう。その時から生活に困窮することは目に見えている。

その気持ちを実に率直に日記に著したのが、梨本宮伊都子妃だ。

「今日もなんだか、誰かみて、御軸物を拝見し、九万円で買ふとかいふてゐた。乙蔵では、クッション・テーブルかけなど到来品を出し、例のHといふ人が、よってもって行くらしい。あれは私は大きらい」（昭和21年7月30日）

個人の日記ということで、本音が出ているのだろう。下々の者に対する嫌悪感を丸出しにした文面だ。同時に経済難に陥ってしまった自分の身上について、あっけらかんと嘆いている。

伊都子は肥前国佐賀藩第11代藩主鍋島直大（なおひろ）侯爵と、広橋胤保（ひろはしたねやす）伯爵の五女・榮子（ながこ）の間に１８８２年２月２日に誕生。福沢諭吉によって「時事新報」が創刊され、立憲制度の調査のために、伊藤博文がヨーロッパに派遣された年だ。

伊都子の父・直大はイギリスに留

梨本宮伊都子妃は、美貌で知られた。

学し、外務省御用掛(ごようがかり)や在イタリア特命全権公使などを歴任している。伊都子はこのイタリア公使時代に誕生し、「伊太利(イタリー)の都に生まれた」という由来で名付けられた。

母の美貌と社交性を受け継いだ伊都子は、幼い時からその美しさで知られていた。皇太子だった大正天皇が伊都子の顔を見に、ちょくちょく別荘に顔を出したことでも有名だ。加えて実家の鍋島家は非常に裕福だった。現在の首相官邸の一帯に2万坪近い邸宅を構え、父・直大は明治31年（１８９８年）には10万９０９３円を納税している。当時の日本で15位の高額納税者だった。

侯爵である鍋島家から皇太子妃を出す可能性はなかったが、伊都子の日記からは、伏見宮禎子(さちこ)女王との破談の後、九条道孝公爵の四女の節子(さだこ)姫と結婚した直後の大正天皇の様子がうかがえて興味深い。その心情が現れている箇所を『梨本宮伊都子妃の日記　皇族妃の見た明治・大正・昭和』（小田部雄治著　小学館文庫）から引用する。

伊都子姫に心を寄せた大正天皇

１９００年８月19日の日記には、大正天皇の突然の訪問が記されている。当時の大正天皇は、節子妃と5月に結婚したばかりで、日光田母沢の東宮御用邸で寛いでいた。

いろいろかたづけ、暫くすると御いでとの事。きものもそれなりにて御出向ひ申上、直に二階へならせられ、われわれもご挨さつ申上、御そば近くにてさまざまの御話し遊ばされ、丁度、午後四時ごろより同五時二十分の時、還御遊ばされたり。御供は、侍従一人、武官一人、侍医一人なり。犬ダックも御ともせり。

大正天皇はその4日後、再度鍋島邸を訪問する。

午後二時半ごろ雨少し降いだしたり。其時丁度、皇太子殿下御いでとて、つかふど来る。御椅子・テーブルも何もなく御いでゆへ、いそ、わが小さきたいこ、そなへなどするうち御入。同じく直に二階に御上り被遊、御たばこなどをめし上り、それより殿下が（今日は直大へ申ておいた、わが輩の犬をあづけるから、いつ子よくせわをしてやってくれ）とて、それより暫く御ひざ近く御めし被遊。犬の食物の事よりいろいろの御はなし遊ばしいただき、四時過御かへり被遊たり。其後、犬御あづかりの大役仰被付候ゆへ、心配一方ならず、やうやく夜はおとなしくいねたり。右の犬はdacseダックスと云ふなり。（明治33年8月23日）

伊都子姫に焼きもちを焼いた節子妃

そして翌々日の25日、大正天皇に同行して日光に来ていた節子妃が突然帰京する。理由は父・九条道孝公爵の「危篤の電報」が届いたからとされたが、節子妃は9月3日に日光に戻ってきた。その間、大正天皇は妃が不在の日光で、21回目の誕生日を迎えている（1900年8月31日）。

なお、実際に道孝公が亡くなるのは1906年1月4日で、この出来事から5年以上も後のことだった。節子妃が帰京した本当の原因は、父・道孝の健康問題ではなく、結婚（同年5月10日）間もないにもかかわらず、大正天皇が他の女性に関心を示す様子を見せたことにあったといわれている。

その節子妃が日光に戻ってきた日、直大・榮子夫妻は駅まで迎えに出かけ、伊都子らは本通りで出迎える。午後には大正天皇がまた鍋島邸にやってくる。

> 午後四時ころよりならせられ（東儀もゐるから、直大楽を一つせい）との御沙たゆへ、父様琴、東儀琵琶にて越天楽。其次は、父ビワ、母琴、東儀歌にて伊勢海をいたし、殿下にも近くおより被遊、五時過還御被遊たり。（明治33年9月3日）

大正天皇は9月5日にも鍋島邸を訪問し、7日には帰京の準備をしていたところに、またやってきた。

> 四時少し過に、雨なりしゆへ御車にてならせられたり。それより又、御すわりにて、犬の御話いとながく、つひに犬もともにかへるやう、そして直に獣医にみせる様との仰せなり。丁度五時ごろ還御ならせられたり。（明治33年9月7日）

皇太子から愛犬を預けられ、皇太子妃から焼きもちを焼かれた伊都子は19歳。10月17日に梨本宮守正王との結納を控えていた。皇族婚嫁令が決せられて、最初の結婚だった。

成金に買い叩かれる旧皇族の悲哀

伊都子は生まれながらのお姫様で、その気位は人一倍高かった。正田美智子さんが皇太子妃に決定した時は、「憤慨したり、なさけなく思ったり、いろいろ。日本ももうだめだと考へた」（昭和33年11月27日）と記している。妹の松平信子は常磐会会長で、美智子皇太子妃反対運動を推進。姪の節子（貞明皇太后と名前の字が同じだからと、後に勢津子と改名）は秩父宮妃だ。

その伊都子がもっとも情けながったのが、皇室離脱後の経済的困窮のために、タケノコ生活（身辺のものをタケノコの皮を一枚一枚はぐようにして売りながら暮らしを立てること）を余儀なくされたことだった。かつて自分が愛用した品々が、どこの馬の骨かわからない輩の手に渡ることのいたたまれなさが描かれている。とりわけ、若き横井英樹にお気に入りの熱海の別荘を売却せざるをえなかった時の伊都子の筆は、冴えわたる。

「主人は、まだ三十四歳の青二才。よくもそんなに金をこしらへたもの。染料の会社とかいふけれども、某父親は行商をして歩いた人とか。とにかく成金で、相当の財産を持っているらしい、あんないなかもののババーや青二才に此の家を勝手につかはれるのかと思ふと、くやしくてくやしくてたまらない」（昭和21年11月25日）

戦災で本邸が焼けた梨本宮家は、税金の納付に四苦八苦した。不動産にかかる税率は8割にものぼった。税金を払うためにまずは河口湖や熱海伊豆山の別荘から手放した。青山にあった2万坪もの本邸の土地も、売却せざるをえなかった。

守正との結婚の際に両親がパリであつらえてくれたティアラなど数々の宝飾品も例外ではなく、伊都子のお印「桂（かつら）」が付いたものまで売却された。とりわけ愛用していた琴が売られた時は、かなりのショックだったようだ。歌にその心境を綴（つづ）っている。

たれ人の　手にわたるかは　しらねども　千代に栄えよ　音もかはらず
五十とせの　長くめでつる　つまことを　手ばなす今日の心淋（さび）しき

戦後は誰もが経済的苦境に立たされたが、特権階級にいた元皇族の凋落(ちょうらく)ぶりは著しかった。直接税を中心にしたドッジライン実施により、元皇族の負担はますます重くなったが、その苦境についても伊都子は書いている。

又々、この頃、税の問題で、だんだん高くなるので、六万円ほどださねばならぬとて、(夫・守正の)御機げんが悪いが、何ともしようがない。それで入費は、物価が高いから入ることは当たりまへの事。それで、ごたごたする。

私もほとほとこまり、自分の品物を時々売って、それで又、古着など買って、どうにかしてゐる。生きてゐるうちは衣服もはぜるし、染めなほしもしなくてはならず、仕立て直しもしなくてはならず、もうもう着度(きどっ)ても、此夏は古い古いゆかたのような着物で、暑い間しんぼうしてくらしたが、これからもいつまで生きてゐるかわからぬから、少しばかりためてゐる自分の御金で、どうにかして行かねばならぬ。もうどうせ死んだら、又、よいかげんにされてしまふから、覚悟をきめ、自分のもってゐるものは皆つかひはたすつもりにしてゐる。何のために生きてゐるのか、アーつまらぬつまらぬ。(昭和24年9月29日)

これらを見ると、旧皇族が自発的に皇籍離脱したとは、とうてい思えない。そもそも、こうした皇族らが全員皇籍離脱をしなければならないほど、戦前戦中の日本の政治に深く関与していたのか。むしろ彼らは天皇家および3家の直宮家を存続させるために、犠牲になったのではなかったか。

旧皇族復帰は可能なのか

皇籍離脱は旧皇族たちの意思ではなく、GHQ（連合国軍総司令部）の命令で行われたことは明らかだ。よって本来なら一九五二年にサンフランシスコ講和条約が発効し日本が独立を果たした時に、皇族の地位を戻すのが筋だった。

だが日本は戦前の価値観を捨て去ることで、新しい道を進もうとしていた。昭和天皇は人間宣言を行い、天皇の存在を変質させた。また初の民間出身の皇太子妃の誕生は、新しい「開かれた皇室」のシンボルとして国民から歓迎された。このように戦後の日本には、アンシャン・レジームたる旧皇族が復帰する余地はなかったのだ。

そして皇籍離脱から70年以上経った現在では、皇族時代を知る旧皇族はほとんどいなくなった。戦後生まれの旧皇族は、生まれた時から一般人と変わらない。そうした人たちを皇族に復帰させ、皇位継承の責務を担わせることは果たして妥当なことなのか。

重要なことは「貴種(きしゅ)」であること

しかし、皇位の継承について何よりも重要なのは、「貴種」(高い家柄や血筋)であることだ。天皇及び皇族が存在しうる理由は「貴種」であることで、日本国民が天皇や皇族を象徴と認めるのはそれゆえなのである。伝統的にも、皇太子妃は皇族か五摂(ごせっ)家(け)などの上級貴族の子女から選ばれてきた。嫡子優先の皇位継承もそれゆえだろう。

戦後に作られた日本国憲法も、天皇を人権規定から外す構成になっている。基本原理である平等原則の例外としたためだ。美智子妃以降の皇室入りした妃たちは皇族や上級貴族の出身ではなかったが、皇室会議によりお墨付きを受けてきた。反対にいえば、こうした「貴種」を維持できないのなら、国民の心は皇族から離れていくだろう。

もし、女系天皇の配偶者を一般人から選ぶなら、「貴種」認定は容易ではないだろう。ただし元皇族の男子と結婚する場合は、「貴種」の認定も可能だろう。

その場合も、その男子は天皇にはなれず、イギリスのフィリップ王配のような立場に立つことになるだろう。なお、フィリップ王配も、ヴィクトリア女王の次女アリス王女の曽孫として、イギリスの王位継承権を持っている。

このように考えれば、現在の宮家の内親王（あるいは女王）が旧皇族あるいはそれに近い男系男子と結婚して男児が生まれた場合、その男児が皇位継承権を持つという方法が、最も妥当かもしれない。この場合だと生まれてきた子供は生まれながらの皇族であり、男系も維持できる。

なおこれについては「女性皇族の結婚の自由を侵害するのではないか」という批判が出てくるだろうが、本人が嫌なら結婚しなくていいわけで、無理強いするものではない。

ただし、高円宮承子（たかまどのみやつぐこ）女王はかつてボーイフレンドとのデートを週刊新潮に直撃された時、「私は結婚とお付き合いは完全に別物だと思ってきた」と述べており、そうした制度も不可能ではないことがうかがえよう。

皇室制度は日本特有の制度

国連女子差別撤廃委員会は２０１６年、男系男子の皇族のみに皇位継承権が承継される日本の皇室典範を「特に懸念する事項」とし、母方の系統に天皇を持つ女系の女子にも皇位継承が可能になるように皇室典範の改正を求めた最終案を日本に提示した。これには日本政府が強く抗議したため、３月７日に公表された最終見解では皇位継承の箇所は削除された。

幸いにしてこの「外国からの皇統への干渉」は「未遂」に終わったわけだが、そもそも国の文化や伝統に基づくものが、国際機関の権威でもって容易に覆されかねないという事実に大いに危惧を抱く。ヨーロッパの国では、「男子優先」から「長子優先」制度に変更した国も少なくないが、その背景は日本とはまるで違うのだ。

たとえばイギリスでは２０１３年の王位継承法改正によって、２０１１年10月28日以降に誕生した者については、男女の性別を問わずに長子先継にし、それ以前に生まれた者については、従前の通りとする、とされている。

よって2015年5月2日生まれのシャーロット王女は弟のルイ王子に優先して、王位継承順位は4位となるが、1950年8月15日生まれのアン王女の王位継承順位は14位（2021年2月現在）で、2人の弟一家が先順位のままだ。

しかし、イギリスの場合、もともと女性に王位継承権があり、エリザベス1世やアン女王（スチュアート朝最後の君主）、ヴィクトリア女王など、これまで複数の女王が誕生してきた。王朝の交代も、何度も起こっている。ヴィクトリア女王とエリザベス2世では、女王の結婚によって王朝は交代している。

イギリスには「女王の時代は栄える」という格言があるくらいで、女王の在位を歓迎する風潮もある。

日本には王朝交代がなかったとされている

そもそもヨーロッパの王室の場合、国王はしばしば外国からの支配者というケースがあり、王朝交代も行われている。

たとえば、現在のスウェーデンの王室であるベルナドッテ王朝は、1818年にフランス人でナポレオン配下のジャン＝バティスト・ベルナドット将軍を、国王（カール14世ヨハン）に迎えたことに始まる。

イギリス王室の場合は、1066年にノルマンディー公ウィリアムがイングランドを征服した、ノルマン・コンケストに遡る。これによりノルマン朝が成立し、その後、血統ではつながるものの、プランタジネット朝、チューダー朝、スチュワート朝、ハノーバー朝、ザクセン＝コーブルク＝ゴータ朝、マウントバッテン＝ウィンザー朝と、王朝交代を繰り返してきた。

一方で日本では、外国に征服された歴史はなく、王朝交代もなかったとされている（継体天皇については、王朝交代説もある）。

すなわちヤマト王朝は武烈天皇が皇嗣を残さずに崩御した時、神武天皇の5世孫の継体天皇を迎えたとされている。また新井白石が創設を提唱した閑院宮家からは、光格天皇が誕生した。いずれも男系天皇だ。

しかし継体天皇も光格天皇も、入り婿的な意味を持っていることは否定できない。

継体天皇は先帝である武烈天皇の同腹の姉である手白香皇女（たしらかのひめみこ）を皇后とし、すでに他の妻たちとの間に息子がいたにもかかわらず、その間に生まれた欽明（きんめい）天皇が皇位を継いだ。光格天皇が選ばれたのは、先帝である後桃園（ごももぞの）天皇に血筋が近いこと、さらに、ただひとりの遺児である欣子（よしこ）内親王との結婚に適していたからであった。

いずれも先帝の近親者と結婚することで、その正当性を強化させている。皇室はこのような伝統と先達の知恵でもって、歴史を綴ってきたわけだ。その教訓を生かさずして、皇統の継続はありえないに違いない。

女性皇族のこれからの役割

こうして考えると、皇統の存続について果たすべき女性皇族の役割は極めて重要である。もっとも、これまでも宮家に男性皇族がいなくなると、女性皇族が当主を務めてきた。現在の三笠宮家も高円宮家も、女性が当主である。

だがこれからの女性皇族は、「結婚すれば皇室を離れる」という存在ではなくなるだろう。血統を残すこと、そして皇室の名誉を守ることこそが、女性皇族にとって、これまで以上に重要な責務になるはずだ。

それができない場合には、一切の特権を捨てて皇室を離脱することもやむをえない。国民の期待に応えられずして、ロイヤルの地位にとどまることが許されるはずがないだろう。

最終章

国民が
祝福できない理由

一時金を放棄すればすむ問題ではない

眞子内親王と小室圭さんの結婚に対して国民が最もアレルギーを抱くのは、眞子内親王が皇籍を離れる際に支払われる、1億4000万円ともいわれる一時金の問題と考える人が多い。であるなら、この一時金を眞子内親王が受け取らなければ、小室さんとの結婚は可能なのか。国民は2人を心から祝福できるのか。母親の佳代さんの約400万円の借金問題は、とうとう元婚約者が請求を諦めてしまったが、それについても国民は納得できるのか。

いやそうではないだろう。そもそも国民の多くは最初から、この結婚について違和感を抱いていたのではなかったか。小室さんが名家の出身でないとか父親がいないとかというような問題ではなく、何らかのぼんやりした不安感があったのではなかったか。

それでも国民は当初、その感情をあえて封印した。具体的な説明ができない、えたいの知れない不安感だけでは、眞子内親王と小室さんの結婚におおっぴらに反対する理由にはならないからだ。しかし、約400万円の借金問題は、まさにその感情の蓋を一気に開けてしまった。

そして小室さんの「母も私も解決済みと理解」という文書は、そうした国民の感情を固めてしまった。自己都合が述べられるのみで、説明不足の感が否めないこの文書の内容は、多くの国民が「借金を踏み倒す開き直りの言葉」と受け取ったからだ。

さらに次々と週刊誌が報じている小室家に関するスキャンダルについて、国民はただ傍観するしかない。これら報道がどこまでが事実かはわからないが、よくここまで問題が出てくるものだとあきれ果てている。

「泣き落とし」は通用しない

だからこそ2020年11月13日に眞子内親王の「お気持ち文書」が出された時、誰もがきちんとした説明がなされることを期待した。その中に何らかの「前向きな大人の対応」を見つけることができたら、眞子内親王の結婚について納得できる人も増えただろう。

しかし、そこに書いてあったのは、単なる「泣き落とし」に過ぎなかった。あれではおもちゃ売り場で欲しいものを求めて、あられもない姿で大声で泣きわめき、騒ぐ小さな子供と何ら変わることはない。

それにしてもあの文章を読んで国民が眞子内親王に同情し、小室さんとの結婚について「いたしかたない」と納得するとでも思ったのか。そもそもあのような文章を出すこと自体、成人皇族として恥ずかしいとは思わなかったのか。

もし、小室さんとの結婚が命をかけた選択なら、なぜ小室さんを国民の前に連れ出して説明させせないのか。小室さんにしても、眞子内親王との結婚を「命をかけた選択」だとするのなら、なぜ眞子内親王だけを国民に対峙させるのか。

あるいは借金問題についていえば、なぜ当事者である佳代さんが出てこないのか。佳代さんの借金なら、佳代さん本人がすみやかに説明すべきであるのに、なぜ秋篠宮家の陰に隠れようとしているのか。

皇室の存亡にも関わる問題

そうした国民の疑念を放置して、国民の祝福を受けられるはずはない。それどころか、皇室の存在に対して懸念すら根付かせてしまいかねないのだ。

悠仁（ひさひと）親王が生まれた時、眞子内親王は間もなく15歳になろうしていた。当時の皇太子（現在の今上陛下）一家に親王が誕生しなかったために皇統の断絶が懸念されていたことを、十分認識していたはずの年齢である。

それ以前の眞子内親王の立場は、筆頭宮家の長女であるものの、内廷（ないてい）の内親王ではなかったため、その責任は比較的軽かった。しかし皇室での40年ぶりの親王誕生で、皇統は秋篠宮家に移ることが決定した。これにより、将来の天皇を弟に持つ眞子内親王の責任も、一気に高まった。たとえ誰も教えてくれなくても、弟を支えていかなければならないという自覚が、育たないはずがない。

なお第74代衆議院議長を務めた伊吹文明衆議院議員は、2020年12月3日に開かれた二階派の会合で次のように述べている。

眞子さまと小室圭さんの結婚について、結婚は両性の合意であるとか、幸福の追求は基本的な権利であるとかマスコミがいろいろ書いている。ノブレス・オブリージュ（高い地位にある者の責務）というか、そういうお立場であるがゆえに課されている制限というつらいお立場のもとにおられる。それだけに小室さんは週刊誌にいろいろ書かれる前にご説明を国民にしっかりとされて、そして国民の祝福のうえにご結婚にならないといけないんじゃないか。

伊吹議員の言葉を引用しなくても、ノブレス・オブリージュというのは得てして辛いものである。個人の許容量以上の義務や責任を、背負わされることも少なくない。だがそれをあえて受け入れることも、その立場に生まれた者の宿命なのだ。いくら自由な人間でも、宿命からは逃れることはできない。そもそも１００％自由に生きている人間などいるのだろうか。

愚かしい「不幸せになる権利」論

そのような宿命に喘ぎながらも、人には幸せを求める権利がある。それは誰にも保障されるものだ。しかし、決して「不幸せになる権利」はないし、そうあってはいけない。

ところがこれについて陳腐な記事があった。「文藝春秋」2021年2月号に掲載の「眞子さまは不幸になる権利もある　私たちは小室圭さんという〝選択〟を尊重してあげたい」だ。社会学者の鈴木涼美氏と国際政治学者の三浦瑠璃氏が対談している。

これを読んで、実に安易で無責任な内容だと思った。鈴木氏は小室さんを「ダメンズ」と見なし、眞子内親王と小室さんの関係を「女医さんのような社会的地位の高い女性と中卒のホスト」にたとえ、三浦氏は「自己愛が先に立つ」と分析している。そして2人とも約400万円の借金を「多少無理すれば返済できるレベル」（鈴木氏）や「（パラリーガルとして務めていた法律）事務所にお給料の前借りをして、4～5年くらいかければ返済できたと思う」と述べ、小室さん側が返済しない背景についてそれ以上は突っ込んでいない。

そして2人とも皇室を〝女性皇族を閉じ込める存在〟として位置付け、鈴木氏はそこから解き放たれる制度を創設するよう求め、三浦氏は一時金は女性皇族が成人して一般人になる時に支給してもいいと述べている。

さらに「女の人には〝幸福になる権利〟もあれば、〝不幸になる権利〟もある。眞子さまには仮に不幸な選択をしたとしても、その不幸を謳歌するのもまた、人生の一つの〝豊かさ〟だ」（鈴木氏）、「自分で人生の選択をする行為そのものが重要で、選択を積み重ねていくことで初めて生きる意味を見い出せる――それこそが自由主義」（三浦氏）と主張し、三浦氏に至っては「正しい決断をする人だけに自由を与えようというのは、本来の自由主義ではない」と言い切る。眞子内親王と小室さんについて率直に論じるというよりも、それぞれ論者の人生論を顕示することに終始しているように思えた。要するに、眞子内親王に対するマウント取りだ。

しかし、実際問題として、どれほどの人間が他の一切を排除して、自分の力だけで自分の人生を自由に決めているのだろうか。言い換えれば、人間はそれぞれ背負うものがあり、生きるうえでどうしてもそれに影響される。完全に自由に選択できる人がいるはずがない。実体経済に完全市場が存在しないのと同じである。

そもそも他人が不幸になることがわかっていて、「不幸を謳歌するのは人生の豊かさ」と言い放つのは、まったく無責任ではないだろうか。その言葉には、人間味もなければ、ぬくもりすら感じ取れない。それどころか、まるで他人が不幸になるのをあざ笑っているようですらある。

正邪の判断をともなわない自由主義は「人を殺す権利」すら成立しかねず、極めて危険な思想だといえる。「人を殺す権利」はないのと同様に、「不幸せになる権利」もありえない。

眞子内親王には「不幸せになる権利」があるはずがない。あるのは「幸せになる権利」のみだ。これは眞子内親王に限らない。すべての女性には「幸せになる権利」しかないといえる。

皇室の存亡にかかわる大問題だ

ただ、自分の欲求のみに突き進むことが、幸せにつながるかどうかは別問題だ。そもそも眞子内親王と小室圭さんの結婚は、機が熟して持ち上がったものではない。すでに述べたように、本人たちの予期しないところでNHKが報じたために、ある意味で〝流された結果〟にすぎないのだ。

そこには女性皇族としての立場やこれからの皇室のあり方など、考える時間がなかったことは明らかだ。冷静に考えれば、この結婚を急ぐことは皇室のためにならないだけではなく、皇室そのものを傷つけることにもなりかねない。

断っておくが、これは個人の人生の選択とは別の問題だ。もし眞子内親王がそこから逸脱する人生を幸せと考えるなら、皇室にとどまることは難しい。実際に他の皇族から事実上の絶縁発言があると聞く。たとえば高円宮久子妃は2020年11月10日の秋篠宮文仁親王の立皇嗣の礼に関する祝賀行事を欠席した。

なお皇室典範第11条には内親王の皇室離脱についての規定があり、これによって眞子内親王の皇籍離脱は不可能ではない。

ただし、皇族が減少している現在において、将来の天皇となる悠仁親王の姉である眞子内親王が絶縁のような形で皇室を離脱するなら、その悪影響は計り知れない。こうした重要性を秋篠宮家や眞子内親王が理解されていないのなら、もはや皇室には未来はないといえるのではないか。

国民はコロナ禍で喘いでいる。景気は大きく後退し、自殺者の数は増えている。そのような国家的危機の中、自分の勝手を押し通そうとする内親王の姿は国民の眼にはどう映っているのか。

あとがき――

天皇陛下が眞子内親王に熟慮をうながす

２０２１年２月23日の天皇誕生日に先立つ19日、天皇陛下は記者会見を開き、コロナ禍での皇室のあり方、皇后陛下や愛子内親王、立皇嗣の礼を終えられた秋篠宮文仁親王、皇位継承などについて述べられた。中でも注目されたのは、眞子内親王と小室圭さんとの結婚問題についてのご発言だ。

通常なら天皇陛下が公的な場面で述べられるべきではない事項だが、多くの国民が強い関心を抱いているため、あえて記者たちが質問通告し、宮内庁が受け入れたのだろう。上皇陛下が天皇時代に裁可を下された眞子内親王の結婚について、今上陛下がどのように話されるのかに注目が集まった。

天皇陛下が眞子内親王に熟慮をうながす

質問は２０２０年の11月に眞子内親王が「お気持ち文書」で、「天皇皇后両陛下が私の気持ちを尊重して静かにお見守りくださっていることに、深く感謝申し上げております」と述べた部分から始まり、「秋篠宮様は結婚を認める考えを示されましたが、陛下はどのようにお考えですか」と、やや誘導的なものとなっていた。しかし陛下はこれに流されることなく、次のように静かに答えられている。

眞子内親王の結婚については、国民の間で様々な意見があることは私も承知しております。このことについては、眞子内親王が、ご両親とよく話し合い、秋篠宮が言ったように、多くの人が納得し喜んでくれる状況になることを願っております。

ここで陛下が引用されたのは秋篠宮文仁親王がかねてから述べられていることで、２０２０年11月の誕生日会見での「結婚することを認める」という発言についての言及はない。

すなわち、今上陛下としては、眞子内親王の結婚について積極的に賛成の意を示されたわけではなく、あくまで「多くの人が納得し、喜んでくれる状況になること」という条件を満たす必要がある、と述べられたのだ。

天皇陛下は皇后陛下との結婚の際、「僕が一生全力をかけてお守りします」とプロポーズされ、100%の誠意を示された。それは決して「結婚を認めてくれなければ皇籍を離脱する」という脅しや泣き落としなどではなく、まさに人生観の王道というものだった。

そうした誠実さがあったからこそ、皇后陛下は天皇陛下とともに人生を歩むことを決意され、決してたやすいものではない状況にも耐えてこられたのではなかったか。

皇統の維持や皇室の存続とは、安直に華やかなものであるはずがない。

果たして陛下の思いは眞子内親王に伝わるのか。国民はさらに息をのんで見守っている。

安積明子

令和3年3月

参考文献

はじめに

「週刊女性」 2017年12月26日号　主婦と生活社
「女性自身」 2020年12月29日号　光文社
「女性セブン」 2018年3月21日号　小学館
「週刊女性」 2016年11月1日号　主婦と生活社
「週刊現代」 2020年12月5日号　講談社
「週刊新潮」 2019年1月3日・10日号　新潮社

第一章

産経新聞　2020年12月28日　産経新聞社

第二章

『昭和20年代における内親王の結婚：「平民」性と「恋愛」の協調』 森暢平　成城文藝2014年12月

第三章

『大正天皇婚約解消事件』 浅見雅男　角川ソフィア文庫
『宮中某重大事件』 大野芳　講談社
『元華族たちの戦後史　没落、流転、激動の半世紀』 酒井美意子　講談社＋α文庫

第四章

The Sun 2020年8月2日　DRESSING DOWN The Queen 'scolded Prince Harry for being rude about closest aide during Meghan Markle tiara row'
イギリス王室ホームページ　2018年5月19日　The Wedding Dress: Clare Waight Keller for Givenchy
Vanity Fair 2010年6月10日　A PRINCE IS MADE: SWEDEN'S ROYAL WEDDING THIS WEEKEND IS A TRIUMPH OF LOVE AND P.R

第五章

「週刊新潮」 2019年6月6日号　新潮社
「女性セブン」 2019年2月14日号　小学館
「朝日新聞」 2021年1月7日　朝日新聞社
『梨本宮伊都子妃の日記　皇族妃の見た明治・大正・昭和』 小田部雄次　小学館文庫
「週刊新潮」 2014年9月4日号　新潮社
『謎の大王　継体天皇』 水谷千秋　文春新書
『皇室典範と女性宮家』 所功　勉誠出版

【著者プロフィール】
安積明子（あづみ・あきこ）
兵庫県生まれ。慶應義塾大学経済学部卒。平成6年国会議員政策担当秘書資格試験合格。参議院議員の政策担当秘書として勤務の後、執筆活動を開始。夕刊フジ、Yahoo!など多くの媒体で精力的に記事を執筆する傍ら、コメンテーターとしてテレビ・ラジオへ出演するなど、ジャーナリストとして幅広く活躍している。著書に、『新聞・テレビではわからない、永田町のリアル』『「記者会見」の現場で見た永田町の懲りない人々』（以上、青林堂）『「新聞記者」という欺瞞』（ワニブックス）などがある。姫路ふるさと大使。

眞子内親王の危険な選択　皇統を揺るがす一大事

2021年4月1日　第1刷発行

著　者　安積明子
発行者　唐津　隆
発行所　株式会社ビジネス社
〒162-0805　東京都新宿区矢来町114番地
神楽坂高橋ビル5F
電話　03-5227-1602　FAX 03-5227-1603
URL　http://www.business-sha.co.jp/

〈カバーデザイン〉ふじみデザイン
〈本文DTP〉茂呂田剛（エムアンドケイ）
〈印刷・製本〉モリモト印刷株式会社
〈編集担当〉山浦秀紀〈営業担当〉山口健志

ISBN978-4-8284-2256-5

ビジネス社の本

天皇家 百五十年の戦い
日本分裂を防いだ「象徴」の力

定価 本体1700円+税
ISBN978-4-8284-2078-3

江崎道朗……著

江崎道朗
Ezaki Michio
天皇家 百五十年の戦い
［1868-2019］
日本分裂を防いだ「象徴」の力
国家の命運と皇室の関係を考える
その苦闘と模索の歴史!
ビジネス社

国家の命運と皇室の関係を考える!

明治から始まる皇室の戦い、その苦闘と模索の歴史の「全貌」を描く。

本書の内容